学习之道：
积极心理与学习力提升研究

李尚勇◎著

四川科学技术出版社

图书在版编目（CIP）数据

学习之道：积极心理与学习力提升研究 / 李尚勇著 .

成都：四川科学技术出版社，2025.3. -- ISBN 978-7
-5727-1749-9

Ⅰ. G791

中国国家版本馆 CIP 数据核字第 2025N0S570 号

学习之道：积极心理与学习力提升研究
XUEXI ZHI DAO：JIJI XINLI YU XUEXI LI TISHENG YANJIU

著　　者　李尚勇

出 品 人　程佳月
责任编辑　周美池
营销编辑　刘　成
责任出版　欧晓春
出版发行　四川科学技术出版社
　　　　　成都市锦江区三色路 238 号　邮政编码：610023
　　　　　官方微博：http://weibo.com/sckjcbs
　　　　　官方微信公众号：sckjcbs
　　　　　传真：028-86361756
成品尺寸　170mm×240mm
印　　张　11.5
字　　数　230 千
印　　刷　四川川林印刷有限公司
版　　次　2025 年 3 月第 1 版
印　　次　2025 年 4 月第 1 次印刷
定　　价　52.00 元

ISBN　978-7-5727-1749-9

邮　　购：成都市锦江区三色路 238 号新华之星 A 座 25 层　邮政编码：610023
电　　话：028-86361770

前言

在我近三十年的教育生涯中，让我感到最痛心的，是看到很多学生和父母，在面对自己或孩子的学习这件事上的焦虑、失望和无助。

曾有一位学生对我说："老师，我不想读书了，也读不进去。"他每门课都只能考二三十分的成绩和充满无助的表情告诉我，他说的是真的。我相信，没有一个人能够在一件丝毫感受不到成就感的事情上坚持很久。

我的一位发小在向我谈起他的孩子时，几次声泪俱下。他说，孩子整天黑白颠倒地玩手机，成绩一塌糊涂，更可怕的是，在冲突中，孩子开始变得不愿和人交流，也不愿去学校。他很焦虑，一个十多岁的孩子不读书怎么办？更让他感到恐惧的是，这样发展下去，孩子的未来在哪里？我也身为家长，他那种特别强烈的焦虑和无助，让我感同身受……

这些事，一直堵在我心里，身为老师，总觉得应该为这些孩子和家长做点什么。但限于自己的知识和精力所限，一直无从着手。

所幸，这几年，我所在的成都工业职业技术学院大力推动积极心理学学习方法辅导和规模化应用，组织专门人员进行研究，编写辅导教案，进行实践应用。我作为一名参与人员，承担学习方法辅导的部分研究，才得偿所愿成就本书。

本书想解决的第一个问题是怎样让那些"躺平"的孩子重新站起来。本书的第一至八章，主要从教育学、积极心理学等角度，解读一个人的自我驱动力来自哪里，怎么形成；怎样唤醒一个孩子重回正确的成长轨道，找到学习的乐趣和成就感。

本书想解决的第二个问题是怎样让那些正在勇敢追求自我目标的孩子找到

科学、高效的方法，事半功倍地实现心中的目标。本书从第九章开始，分别从如何高效记忆，如何高效听课，如何高效复习，如何高效提升技能等方面，针对性地提出了方法，原理可能有些复杂，但做法却特别简单。

本书的最后一章，回归到底层的思维——元认知。元认知是关于"认知"的认知，用在学习上，就是关于"如何学"的认知。比如，你自己定的学习目标是清晰的，还是模糊的。你能否实现这个目标？你分析过自己的优势和不足吗？你有详细实现这些目标的策略和方法吗？你有没有过程监控及复盘总结环节？如果上述几点，你的答案都是肯定的，那说明，你在学习这件事上的认知已经超越很多人，否则，就需要提升。

关于如何使用本书所讲述的方法，我还想提醒一下：一是本书中所讲的很多方法，看起来都很简单，理论也不高深，因为不够新奇，往往容易让人忽略。但它是经过无数人实践证明的结果，它的有效性毋庸置疑。你只需要用好它，就会有好的收获。二是不要急于改变。一种方法只有在你充分运用后，才能理解其中的精髓。你先模仿应用，如果一开始就想着改变，可能因为偏离了方法本身，其效果也就失去了。

本书的大多数方法来源于成都工业职业技术学院苏延川院长的总结，他毕业于清华大学，他把自身学习实践中最有效的方法和在清华大学学习时观察到的身边杰出校友的有效方法总结提炼出来，并加以讲解，倾囊相授给学生。这份教育情怀和对学生的挚爱之心，让我肃然起敬。

最后，我要感谢我的家人，特别是我的女儿。本书中的很多内容，都是在与她的日常交谈中受她的启发而得来的。更可贵的是，她也在不断地实践书中的学习方法，并经常给我讲她遇到的困难或疑惑，以便我成书时进行修订和调整。

真诚地希望本书能够成为孩子们学习旅途中的指南，帮助孩子们在学习的道路上少走弯路，提升学习效率，实现知识的深度吸收和创新应用。让我们一起探索学习的奥秘，解锁大脑的无限潜能，享受学习带来的快乐和成就吧！

祝愿每位读者都能在学习的过程中实现自我超越，成就非凡。

目录

第十六章　能量管理：用时更少，学得更好

第十七章　元认知：最底层的学习能力提升

附录

第一章　学习力是最大的竞争力

在高速发展的21世纪，知识更新的速度令人瞠目结舌，传统的学习方法似乎已经难以应对这个日新月异的时代。哈佛商学院的柯比教授以其深刻的洞察力，为我们揭示了学习力的重要性。他指出，以传统的方法去学习，如同手持一张过期的地图，在日新月异的世界中盲目行走；而以学习力去获取知识，则如同掌握了一把钥匙，能够不断打开新知识的大门，实现自我价值的持续增值。

过去，一个人全部知识的约80%是在学校学习阶段获得的，其余则依靠在工作阶段的学习；而现在完全相反，在学校学习到的知识约占20%，而剩下的知识就需要你在漫长的一生中通过不断学习和实践获得。

柯比教授以"哈佛商学院的游泳课"作喻，介绍哈佛商学院的课堂上并没有烦琐的游泳理论讲解，也没有老师一步步地示范动作。相反，学生们被直接"扔进水里"，面对波涛汹涌的挑战，他们必须依靠自己的力量学会游泳。这不仅是学生们学习游泳的过程，更是他们培养学习力的生动实践。在哈佛商学院，学生们被鼓励独立思考、自主探索，他们学会了如何在未知中寻找答案，在失败中汲取教训，在挑战中不断成长。

柯比教授在他所著的《学习力》一书中，把"学习力"拆解为学习动力、学习态度、学习方法、学习效率、创新思维、创造能力共六个方面。

一、学习动力

如果你想未来在社会上的任何时刻和场合都能游刃有余，并得到认可，那么在大学的学习期间就必须全力以赴。

（一）学习定律

哈佛商学院公认的学习定律是"成功=勤奋学习+正确的方法+少说废话"。其中，勤奋学习被置于首位，意味着无论方法多么高效，勤奋始终是取得成功的基石。经过在哈佛商学院的苦读，学生们会被培养出面对任何困难都不惧怕的心态，因为他们已经在求学过程中经受了严苛的考验。

（二）积极情绪

我们需要认清哪些外界信息能够激发自己的兴趣，带来兴奋和愉悦的感觉，同时避免那些可能引发抑郁或厌烦的信息。通过有意识地选择并输入能激发兴趣的信息，可以更有效地培养自己学习的兴趣，使之成为学习的内在动力。

二、学习态度

设定清晰的学习目标是提升学习效率的关键。在学习中有一个清晰的目标，并为实现这个目标而学习的时候，学习就不再是讨厌的、与自己的人生无关的负担了。

在确立目标时，还要列出与目标有关的其他因素：

我有什么能力？

我的目标需要我怎样去行动？

在我已经确定的目标中，成功意味着什么？如果失败了，又意味着什么？

我是否赋予自己的生命和时间以应有的价值？

我的学习是否能给我足够的灵感和勇气，把我从平庸中拯救出来？

具体来说，首先，明确你想要达到的学术成就或专业资格，然后进行自我评估，了解自己的能力和兴趣所在。其次，制订一个详细的行动计划，包括学习内容、时间安排和进度评估方法。同时，思考成功和失败对你的意义，这有助于你更好地理解目标的重要性。

认识到你的时间是宝贵的，并确保你的学习活动能够为你的生活带来真正的价值。寻找能够激发你灵感和勇气的资源，保持好奇心和学习热情。定期反思你的学习过程，必要时调整目标或计划。保持身心健康，找到学习与休息、娱乐之间的平衡。寻求家人、朋友和老师的支持，他们可以提供帮助和鼓励。记住，学习是一个持续的过程，不断探索和成长，让每一步都充满意义。

三、学习方法

（一）专注

专注是学习力中最具有凝聚效力、整合效力的品质。普通学生和优秀学生之间的一个重要区别在于专注力。专注力就像是凸透镜，能将所有光线集中到一点，产生强大的能量。就像太阳下的放大镜能点燃白纸一样，专注能让我们的学习力得到极大提升。格拉宁在《奇特的一生》中提到，通过集中精力，即使是普通人也能取得巨大的成就。然而，专注力并非不可培养。

乔治·居维叶曾说："注意力是知识的窗户，没有它，知识的阳光就照射不进来。"玛利娅·蒙台梭利也认为，专注的态度比知识本身更重要。因此，提升专注力是提升学习效率的关键。

提升专注力的方法有很多，首先是在情绪上做好准备，比如在开始学习前先花时间预览内容。其次，要认识到专注与休息是相辅相成的，适当的休息可以帮助我们恢复精力，更好地集中注意力。在休息时，可以通过深呼吸、散步或听音乐等方式放松自己。

（二）计划

一个完美的长期学习计划可以减少学习的松弛性和随意性，使得学习变得紧张而有序。一个适合自己的学习计划必须具备下列几项条件：明确的目标；达成目标的方法；清楚的阶段；每个阶段都有具体成效。

（三）持续

我们不可能把明天的觉今天睡完，明天就不用睡了；也不可能把一周的饭都提前吃完，以后就不饿了。学习也一样，头脑内一天持续接收同样的东西多了，就会感到厌倦，记忆力也越来越弱。因此，一天读10个小时，不如一天读一个小时，连续读10天来得高效。学习中各门功课的相互搭配也是如此。

（四）阅读

要相信阅读是一切学习的基础。提高阅读能力是终生的任务。只有坚持多读才能提高，不然阅读能力会自动降低。阅读对于大脑的作用就像锻炼身体一样。有效阅读的三个要素是：集中精力；尽量多记；把所读到的内容同自己已有的知识和经验联系起来。

四、学习效率

（一）保持好心情

心情能影响学习效率。谁能够有效地控制住自己的心情，始终保持愉快轻松的状态，谁就能取得更好的学习效率。

（二）选择重要的

人的脑子本来像一间空空的小阁楼，应该有选择地把一些家具装进去，只有傻瓜才会把他碰到的各种各样的破烂杂碎一股脑儿都放进来。

将什么东西都放进去的后果就是，那些有用的知识反而被挤了出去，或者是和许多其他的东西掺杂在一起。等你要用的时候，就感到困难了。

（三）记录时间清单

把自己的时间都记录下来，这根本不算什么困难的事。你可以通过你的记录来了解每天的每一分钟你都干了些什么，哪些是有效的学习时间，哪些是休息和娱乐的时间，而哪些时间是白白浪费掉的。只要能坚持下来，你就会慢慢发现，在一天中，你的有效学习时间会越来越多，学习效率自然而然就提高了。

五、创新思维

在学习的道路上，创新思维扮演着至关重要的角色。

（一）学会遗忘与筛选知识

遗忘的重要性：学习不仅仅是积累知识，更重要的是学会筛选和遗忘。就像狼捕猎鹿群一样，赢弱、瘸腿、老迈和掉队的鹿最容易被捕到。同样地，在学习过程中，我们应该尽快忘掉那些不重要的、老化的和没有用的知识，以便为新的、有价值的知识腾出空间。

知识筛选机制：建立有效的知识筛选机制，有助于我们保持学习的活力和效率。通过不断地评估和更新自己的知识体系，我们可以确保所学内容始终与当前的需求和趋势保持一致。

（二）创新思维在文科与理科学习中的应用

文科学习：在文科领域，创新思维能够激发学生的想象力。通过不同的视角和思维方式去解读文本、分析历史事件或探讨社会问题，学生可以更深入地理解知识，并产生独特的见解和观点。这种创新思维不仅有助于提升学习效率，还能培养学生的批判性思维和创造力。

理科学习：在理科领域，创新思维则有助于克服思维定式的消极影响。理科学习往往涉及复杂的逻辑关系和抽象的概念体系，容易使学生陷入固定的思维模式。而创新思维则鼓励学生打破常规、多向发散、四处探索，从而发现新的解题方法和思路。这种思维方式不仅有助于解决理科问题，还能培养学生的创新能力和解决问题的能力。

（三）培养创新思维的方法

鼓励质疑与探索：在学习过程中，鼓励学生勇于质疑、敢于探索未知领域。

通过提出问题、分析问题、解决问题的过程，学生可以逐渐培养起独立思考和创新思维的能力。

跨学科学习：跨学科学习是培养创新思维的有效途径之一。通过将不同学科的知识和方法进行融合和交叉应用，学生可以产生新的灵感和创意，从而推动知识的创新和发展。

实践与应用：将所学知识应用于实际生活中，是检验学习成果和培养创新思维的重要方式。通过实践和应用，学生可以更深入地理解知识、发现问题并解决问题，从而不断提升自己的创新能力和实践能力。

六、创造能力

一个学习者即使拥有丰富的知识，如果缺乏创造能力，也只能停留在模仿和抄袭的阶段。真正的创造是能够在已有知识的基础上，提出新的观点、方法和解决方案。这种能力是推动社会进步和科学发展的重要动力。

（一）移植与创造

移植的力量：创造能力在某种意义上，可以通过"移植"来实现。睿智的学习者擅长将其他学科的研究方法和理念，经过适当的改造和融合，应用到自己的学科中。这种跨学科的融合不仅能够带来新的视角和思维方式，还能促进学科间的交叉创新，从而产生独特的研究方法和解决方案。

跨学科学习：在知识爆炸的时代，单一领域的知识已难以满足解决复杂问题的需求。因此，具备跨学科学习和思考能力的学习者，更容易在研究和创新中取得突破。

（二）超越机械记忆

一些人错误地认为，学习就是简单地记住老师传授的知识。然而，这种机械记忆的学习方式只能让人成为知识的搬运工，而无法真正理解和应用这些知识。优秀的学习者应该具备独立思考的能力，能够运用所学知识解决实际问题，甚至创造出新的知识。

因此，灌输式教育往往忽视了对学生创新思维和创造能力的培养。在这种教育模式下，学生容易形成思维定式，缺乏批判性思维和解决问题的能力。因此，教育者应该注重培养学生的创新思维和创造能力，使他们能够独立思考、勇于创新。

第二章 探寻自我，找到学习动机

《浮生物语》里有这样一句话：所谓的安全感，无非就是有一个地方你始终想回去，也可以回去。

作为一名高职院校的老师，我经常能体会到孩子们的那种无力感。他们有现实的学业压力，也面临就业压力，但很难产生实际的行动，每天都刷着手机，无所事事地混着转瞬即逝的大学生活……这类似的情形，在我身边很多家庭的孩子身上，也常常看见。

这使我好奇，是什么样的原因，让孩子们卡在中间，处于进退维谷的境地？更重要的是，有没有一种方式，能为他们提供一种动力，让他们走出一条自我发展之路。

无独有偶，针对某大学新生做过的一项调查显示：大家眼中的天之骄子，并没有人们想象中的志得意满、踌躇满志。相反，其中30.4%的学生厌恶学习（包括本科生和研究生），认为学习没有意义；40.4%的学生认为活着没有意义，自己只是在按照别人的意愿活着……

这促使我们不断提出疑问：驱动一个人成长的力量是什么？又来自哪里？

一、自我，一切力量的源泉

什么是自我？各种心理学流派有不同的解读，但有一个共识：自我其实是一个主观的认知模型。在与别人的合作过程中，我们需要不断去评估自身的处境、外部依赖的环境以及与他人的关系，以便迅速地应对变化，做出决策。我们所拥有的这个主观认知模型，就是"自我"。由此，我们得出以下三点认知：一是自我是主观的。自我是一个人的内在体验。每个人都有自己独特的情感、思想、信念和价值观，因此，这些体验各不相同。它构成了我们对自身存在和特性的感知。每个人对自己的评价和认识也是主观的，这种自我评价可能因个人的心态、经历和文化背景而异，导致即使在相似的客观条件下，不同的人也可能有着截然不同的自我看法。从某种意义上说，我们都是带着偏见在看自己、看别人和看这个世界的。二是自我是发展的。自我是一个持续的、动态变化的过程，它涵盖了认知、情感、社会性、道德、身份、自我概念、价值观、适应性以及终身学习等多个方面。个人通过不断学习、体验和反思，逐步构建和完善自己的内在世界和对外在世界的理解。例如，青少年可能在高中时期就开始探索自己的兴趣和未来职业方向。通过参与不同的课外活动和社会实践，他们的认知和情感能力得到发展，社交技能得到提升，同时也在形成自己的价值观和信念。随着时间的推移，青少年可能进入大学，进一步深入学习专业知识，同时在人际交往和团队合作中锻炼自己的社会性发展和道德判断。最终，他们可能找到自己的职业道路，实现自我的目标，这整个过程就是自我发展的持续变化过程。三是自我是开放的。自我是一个开放的系统，它不断地与外部环境相互作用并交换信息。这种开放性意味着自我能够适应变化、整合新经验和新知识，并在社会互动中发展和演化。

看到自我的主观性，就让改变成为可能。我们能明白，很多的烦恼、焦虑其实是来源于自我认知与客观世界的不一致性。如：严重的焦虑往往产生于我们的期盼与现实世界的不一致；在感情漠视环境中长大的孩子，把不安全感也注入了性格，可能会导致成年后的亲密感缺失；同时，社会文化与外在环境决定了我们的价值观，影响个人的喜好。

看到自我的发展性，就走进了理想中的自我。心理学上有两种典型的思维模式：发展性思维与僵化性思维。它们用于描述每个人对自身能力和智力认识的两种不同心态。这两种心态会影响个人的学习动机、目标设定以及面对挑战和失败的态度。

发展性思维相信能力是动态变化的，可以通过努力和学习得到提升。它鼓励个人积极面对挑战和学习新知识，将失败视为成长和学习的机会。相反，僵化性思维则认为个人的能力是固定不变的，并将失败看作是自身能力不足的体现。这会导致个人在遇到难题时容易放弃，避免挑战。例如，在学习新的数学概念时，具有发展性思维的学生会持续努力并寻求帮助以克服困难，而具有僵化性思维的学生则可能因害怕再次失败而逃避进一步学习。培养发展性思维对于培养个人在学习和生活中面对挑战时的韧性和动力至关重要。看到自我的发展性，我们可以勇敢地去挑战学习生活中的各类困难，走进心目中理想的自我。

看到自我的开放性，就能更快地促进个人成长。社会学家查尔斯·霍顿·库利提出了镜像自我理论，它阐释了个人如何通过社会互动和他人反馈来构建自我概念。这一理论认为，个人的自我认识在很大程度上取决于他们认为他人如何看待自己，类似于通过一面镜子来观察自己的反应。这种自我感知会影响个人的自尊、情感和行为，是个人成长和社会发展中的关键因素之一。自我的成长要在与他人沟通、合作的关系中去发展。

如：小林是一名积极投身于学术和社团活动的大学生。在学术领域，她通过教授和同学的正面评价，建立了自己对学术能力的自信，这种自信激励她追求更高的学术目标。在社团活动中，通过策划和执行活动，与团队成员的互动，小林认识到自己的领导潜能，进而加强了自己的组织和领导技能。在人际交往中，她通过朋友的反馈学会了更好地理解他人，这不仅培养了她的同理心，也提升了她的社交能力。这些经历共同塑造了她的镜像自我，推动了她的个人成长和自我实现。

二、动机，个人成长的推动力

更新对自我的认知，其最大的意义，在于让我们确信，改变是可能的，这就为我们的成长打开了大门。但是，我们看到了目标，那又怎么样呢？无数人都想考上理想的大学，无数人都想找到好的工作，无数人都想过上幸福的生活，不是所有人都实现了，有什么东西能促使我们不断努力，成就梦想呢？

20世纪80年代，心理学家爱德华·德西和理查德·瑞安提出的一个关于人类动机和个性的理论——自我决定理论，讲到了人的三种基本心理需求。

自主性：指个人在行为选择和决策中的自由度。满足自主性需求意味着个人感觉到自己的行为是出于自己的意愿和价值观。

胜任感：指个人在面对挑战时感到有效和有能力。满足胜任感需求意味着个人感觉到自己能够掌握技能并成功完成任务。

归属感：指个人与他人建立有意义的社交联系和归属感。满足归属感需求意味着个人感觉到被他人接受和尊重。

这些需求被认为是先天的，是所有人类共有的。它们跨越了文化和背景的界限。只是在不同文化中，满足这些需求的方式可能会有所不同。同时，这些需求的满足对于个人的心理健康也至关重要。

一个人的生理需求得不到满足，往往会增强其动机，而生理需求一旦满足，反而会失去动力。为什么呢？心理学家认为，这是由于当生理需求出现时，我们体验到的是一种必须得到满足的缺失感。一旦这种缺失感得到满足了，有机体就会停下来。但人的心理需求却并不一样。它不是一种缺失，而是驱动我们成长的一些需求。因此，心理需求受阻会导致活动减少，或降低个人成长的动机。虽然这没有生命危险，但是它会导致一种可能的心理后果——习得性无助。有证据表明，当动物包括人类认为他们无法控制环境时，他们就会"放弃"。在某种意义上，习得性无助和控制感就像一枚硬币的两面：控制感缺失，会降低人行为的动机。

（一）心理需求和内在动机的发展

自我决定理论进一步阐述了内在动机和外在动机的概念。

内在动机：指个人因为活动本身的乐趣或满足感而参与活动，而不是为了外部奖励或避免惩罚。内在动机与个人的心理健康和个人成长密切相关。

外在动机：指个人为了获得外部奖励或避免惩罚而参与活动。虽然外在动机可以在短期内提高行为频率，但长期依赖外在动机可能会削弱内在动机。

根据自我决定理论，基本心理需求的满足可导致内在动机的产生，内在动机来源于活动本身的乐趣，而不是与这种活动指向的目标相联系的外在价值。我们愿意做出这种行为，不是为了获得奖励，也不是为了避免惩罚。相反，外在动机针对的是活动所指向的外在目标。

内在动机是怎样产生的呢？心理学家认为，内在动机的发展是通过三种基本心理需求的满足而实现的（如图2-1）。

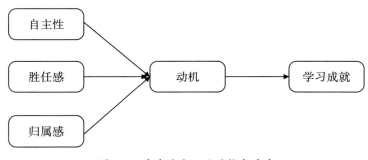

图2-1 自我决定理论的构成关系

一是自主性。如有一个孩子爱好读书，父母发现了这点，并想鼓励他继续保持这种爱好。于是，每当他阅读30分钟后，他们就给他一定数量的金钱奖励。根据自我决定理论，父母的初衷是强化他的阅读行为，但实际上会削弱他的阅读意愿。为什么呢？因为孩子可能会将自己的行为归因于奖励（例如金钱），而非自己的意愿。虽然他可以自由地选择阅读，但他不会感到自由，在这种情况下，他的自主性没有得到满足。

二是胜任感。就是相信自己有能力完成这件事情。由于我们可能更喜欢那些我们擅长的活动，因此，胜任感也可能对内在动机的发展起调节作用。怎样培养胜任感，以使得内在动机得到发展呢？在特定条件下，正反馈是一种能够在一定条件下增强胜任感，并能产生活动的内在动机的方法。我们再以小孩读书为例子。如果孩子的父母表扬他，是因为他对阅读感兴趣，并且他感到表扬是纯粹的而非控制的，他就会形成胜任感。纯粹之所以重要，是因为让孩子相信，他是靠自身优秀获得的，而不是带有条件的奖励。

三是归属感。自我决定理论认为，满足一个人的关联需求也是发展内在动机的一个重要的促进因素。但是，这种需求可能不像自主性和能力需求那样根本。体验到与他人的一种关联感，正如一个人在由父母和老师所营造的关怀氛围中所体验到的那样，能够培养内在动机。如果一个孩子能得到父母和老师爱他和关心他的话，他就会自由自在地发展他的阅读兴趣。

（二）从无动机向内在动机的移动

自我决定理论提出了一个动机连续体，从无动机状态到完全的内在动机状态。个人的动机状态可以通过以下阶段逐步发展：

无动机：缺乏参与活动的意愿或动力。

外部调节：行为是为了获得外部奖励或避免惩罚。

内投调节：行为是为了满足内在的奖励和惩罚，如自我强化。

认同调节：行为是因为个人认同活动的价值，但仍然受到外部因素的驱动。

整合调节：行为已经整合到个人的自主性中，个人认为活动与其价值观和目标一致。

内在动机：为了自身的内在满足感而去完成一项行为。

图2-2的最左端是无动机状态，此时个人要么不投入活动，要么仅仅是

"走过场"而已。当我们的能力和自主性的基本需要不能得到满足时，就会出现无动机状态。例如，一个孩子觉得自己阅读能力很差，他可能根本就不会去阅读。即使在父母和老师的强迫下，他可能仅仅去"走个过场"，装出"很努力"的样子。

图2-2的中间部分是外在动机，描述了内化的不同水平。如果进展顺利，从左向右移动的话，行为就变得越来越内化。感知到的归因点就从外部向内部转移。

当我们在外在动机的支配下，为了获得奖励或者避免惩罚，而做出相应的行为时，就会出现外部调节状态。例如，家长为了让孩子阅读，给予奖励或者惩罚的时候，那孩子就处于外部调节中。

内投调节类似于外部调节，行为仍旧受到奖励和惩罚的驱动。但是内投的奖惩来源于自身。例如，一个人认识到阅读对自己成长有好处，为自己制订一个强化学习计划（每阅读30分钟就允许自己看1小时的电视），那么他就处于内投调节之中。内投调节是在充分保证了自主性的基础上实行的，不再需要外在的力量去约束和监督，是自我内在驱动力产生的开始，但往往无法持久地坚持，因为人类是一种区别于其他动物的存在——人类需要有意义感。基于自我奖惩措施去实施的行为，如果没有赋予人生价值与意义，总会被人本能的惰性消解弥散，化于无形中。这也是很多人小时候参加了钢琴、舞蹈、绘画等兴趣特长的学习，但随着年龄的增长，学业的加重，都慢慢放弃了的原因。而那些真正坚持的人，一定是把这些事情与自己的人生价值与意义进行了很好的整合。

当我们不再屈从于外部的奖惩，而是基于活动本身，考虑对自身的价值的时候，认同调节就产生了。例如，当人们意识到，阅读是生命中很重要的一项技能时，就乐意使用自己的自主性，花更多的时间进行阅读。虽然此时的行为动机仍然由外部因素驱动，但是此时的动机与仅仅是一种奖励或惩罚相比，更加具有自主性和驱动力。

最后一种外在动机是整合调节。当个人不仅认为行为有用，而且也将其整合于自我感知时，就产生了整合调节。例如，我渴望成为一个具有广博知识和受过良好教育的人。阅读习惯将有助于我实现这个目标。整合调节在很多方面与内在动机相似。但是，处于整合调节中的个人并不真正受内在动机驱动，因为他们仍然不是出于行为本身的目的而做出行为的（也就是说，行为仍旧是一种实现目的的手段）。

图2-2的最后部分是内在动机，它是基于活动本身给自己带来的内在满足感而去完成的一种行为。比如，一个人是因为体会到阅读的快乐，才去阅读的，他才是真正受到了内在动机的驱动。

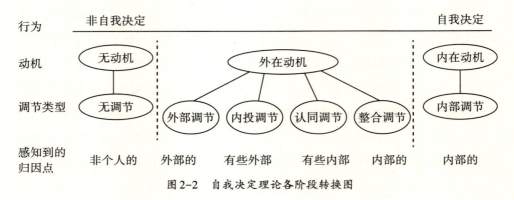

图2-2　自我决定理论各阶段转换图

三、内在动机对学业成就的影响

内在动机作为一种内在的驱动力，往往与更高的学业成就紧密相关。拥有内在动机的学生往往会积极地寻求知识，因为他们能从学习中获得乐趣和满足感，而不仅仅是为了外部奖励或避免惩罚。自我决定理论框架下，个人在学习过程中的行为表现受到多重因素的影响，而这些因素的相互作用决定了个人的学业成就。自我决定理论认为个人对任务的感知和认同程度对其学习行为至关重要。当个人感知到任务与其兴趣、价值观和内在需求相符时，他更有可能产生内在动机，即出于自身兴趣、乐趣或内在满足感而投入学习。这种内在动机驱动下的学习行为往往更为持久和深入，因为个人会体验到学习过程中的愉悦感和成就感，从而更加努力地追求学习目标。然而，当个人感知到任务与其内在需求不相符时，他可能会更多地依赖外在奖励或惩罚来驱动其行为。在这种情况下，个人可能会出于外部压力或奖励而参与学习活动，而非出于内在的兴趣或认同。因此，外在动机驱动的学习行为往往难以持久和深入，因为个人缺乏对任务的内在认同，只是被外部因素所驱动，这可能会影响其学业成就。因此，自我决定理论提出了一个重要的观点，即个人对学习任务的内在认同程度直接影响其学习行为和学业成就。通过激发学生的内在兴趣，教育者可以更好地促进学生学习，从而实现教育的有效目标。

第三章 积极心理，可以增强个人优势

一、什么是积极心理

积极心理学的起源可追溯至20世纪末，由心理学家马丁·塞利格曼在1998年担任美国心理学会主席期间正式提出。塞利格曼在反思传统心理学过分关注心理疾病和缺陷的基础上，倡导心理学应更多地关注人类的积极特质和幸福感。他提出，积极心理学的目标是研究人类的优秀品质，如勇气、乐观、人际技巧、天赋和创造力，以及如何培养这些品质。积极心理学的提出，标志着心理学研究范式的转变——从"问题中心"转向"优势中心"。

在积极心理学的发展历程中，塞利格曼及其同事开发了多种理论模型和评估工具，如PERMA模型。该模型包括五个核心元素：积极情绪、参与、关系、意义和成就。这些元素被认为是构成幸福和生活满意度的关键因素。积极心理学的研究不仅关注个人层面，也扩展到组织和社会层面，探讨如何通过积极心理促进个人和集体的福祉。

在积极心理学的推动下，研究者们开始关注积极心理如何塑造个人优势。例如，通过感恩练习、冥想正念和积极自我对话等方法，人们能够更好地管理情绪，增强自我效能感，从而在面对挑战时保持积极心理。积极心理的培养不仅有助于个人的心理健康，还能够促进人际关系的发展，提高职业满意度，并在职业发展中发挥重要作用。

（一）积极心理的核心特质与价值观

积极心理强调了个人在面对挑战时的乐观态度、韧性以及对美好事物的追求。根据塞利格曼的积极心理学理论，积极心理不仅能够提升个人的幸福感，还能增强其应对逆境的能力。一项发表在《美国心理学家》杂志上的研究显示，拥有积极心理的人在面对压力时，其心血管健康状况更佳，免疫系统功能也更强。积极心理的价值观倡导个人在日常生活中培养感恩、乐观等品质，这些品质有助于个人在面对困难时保持积极的态度，从而促进个人优势的形成和发挥。正如名言："人们几乎可以忍受任何事情，只要他们有希望。"积极心理的价值观不仅为个人提供了应对挑战的内在力量，也为社会带来了和谐与进步。

（二）积极心理在个人心理健康中的作用

积极心理在个人心理健康中的作用是多方面的，它不仅能够提升个人的幸福感和生活满意度，还能增强个人面对逆境时的韧性。根据塞利格曼的积极心理学理论，积极情绪能够拓宽个人的思维和行动范围，从而促进创造性思维和问题解决能力的发展。一项发表在《美国心理学家》杂志上的研究显示，经常体验积极情绪的人在面对压力时，更能够采取有效的应对策略。此外，积极心理还能够帮助个人建立更稳固的社会关系，如塞利格曼所言："积极情绪是人际关系的润滑剂。"通过培养对他人的感恩和欣赏，个人能够更好地与他人建立联系，从而在社交网络中获得情感和实际的帮助，这对于保持心理健康至关重要。

（三）积极心理与社会发展的关联性

积极心理不仅是个人层面的自我提升工具，它在社会发展中的作用同样不容忽视。根据塞利格曼的研究，积极心理能够提高个人的幸福感和生活满意度，进而促进社会的整体福祉。一项发表在《美国心理学家》杂志上的研究显示，保持积极心理的人在面对经济危机时，更能保持乐观态度，从而减少社会问题的发生。积极心理的培养有助于构建更加和谐的社会关系，减少冲突和犯罪。在社会层面，积极心理的推广和实践能够激发公民的参与意识，增强社会责任感，从而推动社会进步。此外，积极心理还与社会的可持续发展密切相关，它鼓励人们关注长期目标而非短期利益，这在应对气候变化和环境保护等全球性挑战时尤为重要。

（四）积极心理在塑造个人优势中的关键角色

积极心理的力量在于其能够深刻地塑造个人优势，这一点在心理学研究和实际应用中得到了广泛的认可。塞利格曼作为积极心理学的奠基人之一，他提出的PERMA模型为个人优势的培养提供了理论框架。根据该模型，积极情绪能够提升个人的幸福感和生活满意度，参与则涉及个人在活动中的投入程度，关系强调了积极的人际互动对个人成长的重要性，意义与个人价值观的实现相关联，而成就则是指个人目标的达成。通过对这些维度的培养，个人不仅能够更好地认识自我，还能在面对挑战时展现出更强的适应性和韧性。

在实际案例中，积极心理的培养对于个人优势的塑造具有显著效果。例如，一项针对企业员工的研究发现，那些能够持续保持积极心理的员工，在工作中表现出更强的创造力和问题解决能力。他们倾向于看到挑战中的机遇，而不是仅仅关注困难。这种积极的心理状态不仅提升了他们的工作表现，也促进了职业发展和个人成长。此外，积极心理还与较低的离职率和更高的工作满意度相关联，这进一步证明了积极心理在塑造个人优势中的关键作用。

积极心理的培养并非一蹴而就，它需要个人在日常生活中不断地实践和强化。例如，通过感恩练习，个人可以培养出更多对生活中积极方面的关注，从而提升积极情绪。同时，冥想正念的练习有助于提高个人的自我意识，使他们能够更好地管理自己的情绪和行为。对这些方法的持续应用，有助于个人在面对压力和挑战时保持积极的心理，从而在逆境中发现成长的机会，最终塑造出个人的优势。

（五）积极心理对个人成长的影响

积极心理在自我认知发展中的作用是多方面的，积极心理不仅帮助个人建立积极的自我形象，还促进个人对自身能力的深刻理解。根据心理学家卡罗尔·德韦克的成长心态理论，拥有积极心理的个人倾向于相信自己的能力是可以通过努力和学习来提升的。这种信念促使他们在面对挑战时更加坚韧不拔，从而在自我认知上实现突破。研究显示，具有成长心态的个人在遇到困难时，更可能采取积极的应对策略，如寻求反馈和持续学习，这有助于他们更准确地评估自己的能力和局限，进而促进自我认知的完善和深化。

此外，积极心理还通过增强自我效能感来促进自我认知的发展。自我效能感是指个人对自己完成特定任务的能力的信心。心理学家阿尔伯特·班杜拉提出，自我效能感较强的个人更有可能设定更高的目标，并在面对挑战时保持积极心理。例如，一项针对大学生的研究发现，那些在学习中展现出积极心理的学生，自我效能感更强，他们倾向于认为自己能够掌握复杂的概念和技能，这种积极的自我认知进一步推动了他们在学术上的成功和自我成长。

积极心理还通过开展积极的自我对话来加强自我认知。积极的自我对话有助于个人在面对失败和挫折时保持积极心理，从而更客观地评估自己的行为和结果。例如，当个人在工作中遇到失败时，积极心理可以帮助他们将失败视为学习和成长的机会，而不是自我价值的否定。这种积极的自我对话有助于个人在自我认知上形成更加全面和平衡的视角，认识到自己的长处和短处，并据此制订更符合自身实际的发展计划。

1.积极心理促进个人潜能的发掘与实现

积极心理能够激发个人内在的潜能，从而使个人实现自我超越。根据塞利格曼的研究，积极心理能够提高个人的幸福感和生活满意度，进而促进个人潜能的发掘。塞利格曼提出的PERMA模型为个人潜能的发掘提供了理论框架。积极情绪能够拓宽个人的思维和行动范围，参与则让个人积极投入于活动之中，良好的人际关系为个人提供支持，意义感让个人感受到生活的目标和价值，而成就则激励个人不断追求卓越。案例研究显示，那些在工作中保持积极心理的员工，往往能更好地应对压力，展现出更强的创造力和生产力。例如，谷歌公司鼓励员工进行"20%时间"项目，即允许员工将20%的工作时间用于自己感兴趣的项目。这一政策激发了员工的创新潜能，催生了许多创新产品。积极心理不仅能够帮助个人在职业上实现潜能，还能在个人成长和自我实现方面发挥重要作用。

2.积极心理在应对生活挑战中的支撑作用

积极心理在应对生活挑战中扮演着至关重要的角色，它不仅能够帮助个人在逆境中保持乐观，还能激发其内在的潜能，促进个人成长。根据心理学研究，持积极心理的人在面对压力和挑战时，其心理韧性更强，能够更好地适应环境变化。一项发表在《心理科学》杂志上的研究指出，积极情绪能够拓宽个人的思维模式，从而有助于问题解决和决策制定。积极心理的支撑作用在数据上也有所体现。例如，一项针对癌症患者的研究发现，那些保持积极心理的患者，其生存率和生活质量显著高于持消极心理的患者。此外，积极心理的培养可以通过多种方法实现，如感恩练习、冥想正念等，这些方法已被证实能够有效提升个人的积极情绪和应对挑战的能力。

3.积极心理对个人价值观和信念体系的影响

积极心理的力量在于它能够深刻地塑造个人的价值观和信念体系。根据心理学研究，持积极心理的人往往拥有更稳定和积极的自我认知，这有助于他们建立和坚持自己的价值观。一项发表在《人格与社会心理学》杂志上的研究表明，积极情绪能够拓宽个人的思维模式，从而促进更开放和灵活的价值观形成。积极心理不仅影响个人的信念，还能够通过积极的自我对话和冥想正念，增强个人对自身价值观的认同。例如，通过冥想正念，个人能够更好地理解自己的内在动机和目标，从而在日常生活中做出与自己价值观相符的决策。此外，积极心理还能够帮助个人在面对挑战和逆境时，保持对自身信念的忠诚。正如马丁·路德·金所说："我们必须接受失望，但绝不能放弃希望。"这种坚持和韧性是积极心理在个人信念体系中发挥作用的生动体现。

4.积极心理助力个人习惯的塑造与优化

积极心理的力量在于其能够深刻影响个人习惯的塑造与优化。根据心理学研究，积极心理与个人的自我效能感紧密相联，而自我效能感是个人习惯形成和保持的关键因素之一。一项发表在《心理学评论》杂志上的研究指出，拥有较强自我效能感的个人更有可能坚持健康饮食和定期锻炼的习惯。积极心理通过增强个人的自我效能感，帮助人们相信自己能够通过努力达成目标，从而在日常生活中形成并保持积极的习惯。

此外，积极心理还能够通过积极自我对话来优化个人习惯。积极自我对话是一种内在的正面肯定，它能够帮助个人克服自我怀疑和消极情绪，从而促进积极行为的持续。塞利格曼提出的"乐观解释风格"模型强调了积极解释对个人行为的正面影响。当个人在面对挑战时，能够以积极的方式解释情境，他更有可能采取行动并形成积极的习惯。

积极心理还能够通过感恩和欣赏的态度来塑造个人习惯。感恩练习已被证明能够提高个人的幸福感和生活满意度，从而为积极习惯的形成提供动力。一项发表在《心理科学》杂志上的研究发现，定期进行感恩练习的个人更有可能坚持运动和健康饮食的习惯。通过培养感恩和欣赏的态度，个人能够更加珍惜和坚持那些有助于个人成长和发展的积极习惯。

最后，积极心理通过支持性的社交环境来促进个人习惯的优化。积极的人际关系和社交支持能够为个人提供必要的资源和鼓励，帮助他们克服习惯改变过程中的困难。例如，社会支持理论强调了社会网络在个人行为改变中的作用。当个人处于一个鼓励积极行为的社交环境中时，他更有可能坚持并优化自己的习惯，如定期锻炼或学习新技能。

二、积极心理的培养方法

(一) 识别并转变消极思维模式

在积极心理的培养过程中，识别并转变消极思维模式是至关重要的一步。消极思维模式，如悲观主义、灾难化思维和自我否定，往往会导致个人在面对挑战时缺乏动力和信心。根据心理学研究，消极思维模式与抑郁和焦虑等心理问题有显著的关联性。一项发表在《心理科学》杂志上的研究指出，持续的消极自我对话会减弱个人的自我效能感，从而影响其面对困难时的应对能力。

为了转变这些消极思维模式，我们可以采用认知重构的方法。认知重构是一种心理治疗技术，它帮助个人识别不合逻辑或不切实际的消极思维，并用更积极、现实的思维来替代它们。例如，当一个人遇到失败时，他可能会陷入"我总是失败"的消极思维循环。通过认知重构，他可以被引导认识到"失败是成功之母"，并将失败视为学习和成长的机会。

此外，塞利格曼提出的乐观解释风格模型，也为个人提供了转变消极思维模式的工具。塞利格曼认为，乐观者倾向于将失败归因于暂时的、特定的和外在的因素，而悲观者则归因于永久的、普遍的和内在的因素。个人学会如何以更乐观的方式解释生活中的事件，可以帮助自身建立更积极的心理。

案例研究显示，通过持续练习和自我反思，个人可以显著减少消极思维的频率。例如，一项针对大学生的研究发现，经过为期八周的认知行为训练，参与者在面对压力时的消极思维显著减少，同时他们的积极情绪和生活满意度都有所提高。这表明，通过有意识地识别和转变消极思维模式，我们可以培养出更积极的心理状态，从而在个人成长和职业发展中发挥出更大的潜力。

(二) 培养感恩与欣赏的态度

在积极心理学的领域中，培养感恩与欣赏的态度被视为塑造个人优势的重要途径。感恩不仅是一种情感体验，更是一种能够显著提升个人幸福感的态度。研究表明，定期表达感激之情的人往往拥有更高的生活满意度和更少的心理压力。一项由罗伯特·艾蒙斯和迈克尔·麦卡洛进行的研究发现，那些每周写下他们感激之事的人，在八周后报告了显著的幸福感提升。这种积极的心理能够帮助个人在面对挑战时保持乐观，从而更好地应对生活中的困难和压力。

此外，欣赏的态度能够促进人际关系的和谐与深化。在职场中，积极表达对同事和领导的感激之情，不仅能够增强团队的凝聚力，还能提升个人的职业满意度。根据乔治·盖洛普的调查，那些经常感受到被认可和感激的员工，其工作投入度和生产效率更高。这种态度的培养，不仅有助于个人在社交和职业环境中建立积极形象，还能激发他人展现出更多的积极行为，形成良性循环。

在个人成长的道路上，感恩与欣赏的态度同样发挥着关键作用。通过写感恩日记、寄感谢信件或分享感激故事等方式，个人可以不断强化积极情绪，从而促进自我效能感的增强。正如塞利格曼所提出的积极心理学概念，通过培养感恩等积极情绪，人们可以更好地实现自我超越，达到个人潜能的最大化。因此，无论是在职业发展还是个人生活中，培养感恩与欣赏的态度都是塑造个人优势不可或缺的一部分。

（三）通过冥想和正念练习提升自我意识

在积极心理学的框架下，通过冥想和正念练习来提升自我意识已成为个人成长和培养健康心理的重要途径。冥想和正念练习能够帮助个人培养出一种对当前经验的非评判性觉察，从而增强自我意识。研究表明，定期进行冥想的人在自我认知、情绪调节和压力管理方面表现更为出色。一项发表在《心理科学》杂志上的研究发现，经过八周的冥想正念训练，参与者在自我报告的焦虑和抑郁症状上有了显著的减少。此外，正念练习被证实能够提高大脑的前额叶皮质活动，这一区域与自我控制和情绪调节密切相关。通过冥想和正念练习，个人能够更好地理解自己的内在动机和价值观，从而在面对挑战时，能够以更加积极的方式做出反应。

（四）利用积极自我对话增强自信

积极自我对话是塑造个人优势和增强自信的重要工具。根据心理学研究，积极的自我对话能够显著增强个人的自我效能感，即个人对自己完成特定任务的能力的信念。一项发表在《心理学公报》上的研究指出，经常进行积极自我对话的人，在面对挑战时表现出更高的坚持度和更低的焦虑水平。这种对话形式可以帮助个人重塑消极思维，如将"我做不到"转变为"我可以尝试"，从而激发内在潜力。此外，积极自我对话还能够帮助个人在职业发展中建立自信。例如，通过自我肯定的陈述，如"我具备完成这项工作的能力"，来增强职业满意度和提升职场竞争力。塞利格曼提出的"乐观解释风格"模型也强调了积极自我对话的重要性，他认为通过积极的解释和自我对话，人们可以更好地应对生活中的挑战，从而培养出一种持久的乐观态度。

（五）创造支持性的社交环境以培养积极心理

在培养积极心理的过程中，创造一个支持性的社交环境至关重要。根据社会支持理论，个人所感受到的来自他人的支持和鼓励，能够显著提升其应对压力的能力，进而促进积极心理的形成。一项发表在《人格与社会心理学》杂志上的研究表明，拥有强大社交网络的人在面对生活挑战时，更能够保持积极乐观的态度。这种支持不仅来自朋友和家人，也来自同事和社区成员。塞利格曼强调，积极的社交互动能够增强个人的幸福感和生活满意度。因此，通过组织团队建设活动、鼓励同事间的正面交流和相互支持，可以有效地营造一个积极的工作环境，从而帮助个人在面对困难时保持积极的心理。

（六）日常生活中积极心理的培养技巧

在日常生活中，积极心理的培养技巧是塑造个人优势不可或缺的一部分。积极心理学研究表明，每天写下三件让你感到感激的事情，可以显著提高个人的幸福感和积极情绪。塞利格曼的PERMA模型为我们提供了培养积极心理的框架。通过写感恩日记，我们不仅能够增强对生活中美好事物的感知，还能在面对挑战时，调动内在的积极资源，从而更好地应对困难。此外，积极心理的培养也与个人的自我效能感紧密相关。班杜拉的自我效能理论指出，通过设定可达成的小目标，并在实现它们的过程中积累成功经验，可以有效提升个人的自信心。例如，一位钢琴初学者，通过每天练习并逐渐掌握一首曲子，其自我效能感会随之增强，进而培养出更加积极的心理面对音乐学习中的挑战。这些技巧和理论模型的结合，为我们在日常生活中培养积极心理提供了科学而实用的方法。

（七）应对挑战时保持积极心理的策略

在面对挑战时，保持积极心理是克服困难和实现目标的关键。积极心理学研究表明，积极心理能够提高个人的应对能力，从而让人在逆境中找到成长的机会。一项发表在《人格与社会心理学》杂志上的研究发现，拥有积极心理的人在面对压力时，更能够采取有效的应对策略，如积极解决问题和寻求社会支持。这种心理不仅有助于缓解压力，还能促进个人心理韧性的增强。史蒂芬·柯维在《高效能人士的七个习惯》中提到，问题不是问题，如何应对问题才是问题。这强调了面对挑战时，心态的重要性远超过问题本身。积极心理的培养可以通过多种方法实现，如通过冥想和正念练习提升自我意识，以及利用积极自我对话增强自信。这些方法能够帮助个人在面对挑战时，保持冷静和乐观，从而更有效地应对挑战。

三、积极心理与情绪管理

（一）情绪识别与调节的重要性

情绪识别与调节是积极心理中不可或缺的组成部分，它不仅影响个人的心理健康，还直接关系到个人优势的塑造与发挥。研究表明，能够有效识别和管理自己情绪的人，在面对压力和挑战时，更能保持冷静和理性，从而做出更合理的决策。根据心理学家丹尼尔·戈尔曼的情绪智力理论，情绪智力包括情绪识别、情绪利用、情绪理解和情绪调节四个维度，其中情绪调节能力的高低，是决定一个人能否在复杂社会环境中保持积极心理的关键。在实际生活中，通过情绪日记记录每日情绪变化，可以帮助个人更好地理解情绪的触发点和模式，进而采取相应的调节策略。例如，当遇到挫折时，通过积极的自我对话、冥想和正念练习，可以有效缓解负面情绪，转而激发内在的积极力量，从而在逆境中保持积极心理，实现个人目标。

（二）积极情绪对个人优势的促进作用

积极情绪在个人优势的发展中扮演着至关重要的角色。根据心理学家芭芭拉·弗雷德里克森的扩展-建构理论，积极情绪能够扩展个人的思维和行为模式，从而提高创造力和解决问题的能力。一项研究显示，当人们体验到积极情绪时，他们更有可能采取创新的方法来解决问题。积极情绪还能够增强个人的社交能力，如塞利格曼的研究指出，乐观的人在社交互动中更受欢迎，这说明积极情绪有助于个人建立更广泛的支持网络。此外，积极情绪能够提高个人的抗压能力。一项针对大学生的调查发现，那些经常体验到积极情绪的学生，在面对压力时能够更好地调节自己的情绪，从而保持学业和个人生活的平衡。因此，积极情绪不仅能够提升个人的幸福感，还能够促进个人优势的发展，使个人在职业和人际关系发展中取得更大的成功。

四、积极心理与目标设定

（一）积极心理在目标设定过程中的作用机制

积极心理在目标设定过程中的作用机制是多方面的，它不仅影响目标的形成，还决定了目标的实现路径和最终的达成率。根据心理学研究，积极心理能够增强个人的自我效能感，即个人对自己完成特定任务的能力的信念。这种信念是目标设定和实现的关键因素之一。一项由班杜拉提出的自我效能理论指出，自我效能感较强的人更有可能设定具有挑战性的目标，并在面对困难时坚持不懈。积极心理通过增强自我效能感，帮助个人在目标设定时采取更为积极主动的态度，从而更有可能设定出既现实又具有挑战性的目标。

在目标设定的实践中，积极心理还能够促进个人运用SMART原则，即设定具体、可衡量、可达成、相关性和时限性的目标。持积极心理的个人倾向于对目标进行积极解读，将挑战视为成长的机会，而不是不可逾越的障碍。一项研究显示，那些在设定目标时采用积极心理的人，更倾向于将目标视为一种激励，而不是压力。他们更可能在目标设定过程中使用积极的语言，如"我能够"而非"我不能"，这种积极的语言使用与目标达成的高相关性已被多项研究所证实。

此外，积极心理还能够帮助个人在目标设定过程中更好地管理情绪，从而保持动力和专注。塞利格曼提出的乐观理论指出，乐观者在面对逆境时能够保持积极心理，这有助于他们更好地应对挑战，坚持目标。持积极心理的个人在设定目标时，能够更有效地利用积极情绪来激发内在动力，同时通过积极的自我对话来克服消极情绪，保持对目标的持续关注和努力。

（二）目标设定中积极心理的实践策略

在积极心理的实践策略中，目标设定是塑造个人优势的关键步骤之一。塞利格曼提出，积极心理能够帮助人们在面对挑战时保持乐观，并且根据SMART原则设定目标，来实现个人成长和成功。一项研究显示，那些能够明确自己目标并持之以恒的人，比那些没有明确目标的人，在职业发展和个人成就上更为成功。积极心理的实践策略要求我们首先明确自己的长期目标，然后将其分解为短期可实现的目标，这样不仅能够为个人发展提供清晰的方向，还能在我们实现每个小目标时给予即时的满足感和成就感。此外，积极心理还鼓励我们庆祝每一个小胜利，这不仅能够增强我们的自信心，还能激发我们继续前进的动力。

（三）积极心理助力目标执行的持续性

积极心理的力量在于它能够为个人提供持续的动力和内在的驱动力，这对于目标执行的持续性至关重要。根据塞利格曼的研究，积极心理能够提高个人的抗逆力，使人们在面对挑战和困难时，能够保持乐观并持之以恒。例如，一项针对运动员的研究表明，那些拥有积极心理的运动员在训练和比赛中更能保持动力和专注，从而取得更好的成绩。积极心理不仅帮助个人在目标设定阶段明确方向，更在执行过程中提供必要的心理支持，帮助个人克服障碍，保持动力和专注。例如，通过积极的自我对话，个人可以不断提醒自己目标的重要性，从而在遇到挫折时仍能保持积极心理。此外，积极心理还能帮助个人在目标执行过程中更好地管理情绪，避免消极情绪对目标执行的干扰。正如柯维在《高效能人士的七个习惯》中所强调的，积极主动是实现个人和职业目标的关键，积极心理正是这种主动性的源泉。

（四）积极心理在目标评估与调整中的应用

在积极心理的指导下，目标评估与调整的过程不仅仅是对成果的简单衡量，而是一种深入的自我反思和成长的机会。塞利格曼提出的PERMA模型为评估个人目标提供了多维度的视角。在目标评估阶段，个人可以通过这一模型来衡量自己在各个维度上的表现，从而更全面地了解目标实现的进展和影响。例如，若发现个人的积极情绪和参与度不足，可能需要调整目标以增加乐趣。在目标调整阶段，积极心理鼓励个人采取灵活变通的态度，将挑战视为成长的机会。例如，面对未能达成的销售目标，拥有积极心理的个人可能会将注意力转移到经验学习上，而不是在失败的沮丧中，从而调整策略，优化销售技巧，最终实现目标。积极心理还意味着在评估与调整过程中，个人应保持乐观并充满希望，相信自己有能力克服困难，正如柯维所言："开始于结束的地方。"这强调了从失败中学习并重新开始的重要性。通过积极心理的引导，目标评估与调整成为个人优势塑造和自我提升的有力工具。

（五）结合积极心理实现目标激励与自我驱动

积极心理的力量在于它能够激发个人内在的驱动力，从而实现目标激励与自我驱动。根据塞利格曼的研究，积极心理能够提高个人的幸福感和生活满意度，进而增强实现目标的动力。塞利格曼提出的PERMA模型强调了积极心理在个人成长中的重要性。积极心理不仅能够提升个人的幸福感，还能增强其面对挑战时的韧性，从而在目标设定和执行过程中发挥关键作用。一项研究显示，经常体验积极心理的个人在面对困难时更有可能采取积极的应对策略，而不是逃避或放弃。此外，积极心理还能帮助个人在目标设定时采用SMART原则，确保目标既具有挑战性又切实可行，从而提高目标实现的可能性。积极心理的培养，如通过感恩练习、冥想正念等方式，能够帮助个人在日常生活中保持积极心理，进而促进自我驱动和目标激励的持续性。

（六）积极心理如何帮助实现个人目标

积极心理是实现个人目标的催化剂，它能够显著增强个人的自我效能感，从而推动目标的达成。根据心理学家班杜拉的自我效能理论，个人对自己能力的信心是影响其行为选择、动机水平和持久性的重要因素。积极心理能够增强个人的自我效能感，使人们相信自己能够成功地执行行为以达成目标。一项研究显示，拥有积极心理的销售人员与那些有消极心理的同行相比，其销售业绩平均高出37%。持积极心理的个人倾向于设定更高的目标，并且在面对挑战时更加坚韧不拔，因为他们相信自己有能力克服困难。

积极心理还能够帮助个人在目标设定过程中采取更为积极的策略。SMART原则是目标设定中广泛采用的模型，而积极心理能够使个人在设定目标时更加明确和具体，同时保持目标的可实现性和相关性。持积极心理的个人在面对目标评估与调整时，也更倾向于采取建设性的态度，他能够从失败中汲取教训，而不是被失败所击垮。正如爱迪生所说："我没有失败，我只是发现了10 000种行不通的方式。"积极心理使个人能够将挑战视为成长的机会，而不是不可逾越的障碍。

此外，积极心理在计划执行的持续性方面也发挥着关键作用。持积极心理的个人更倾向于采取积极的行动策略，他通过积极的自我对话来增强自信，通过冥想和正念练习来提升自我意识，从而在日常生活中保持积极心理。这种持续的积极状态有助于个人在遇到困难时保持动力和专注，继续朝着目标前进。例如，一项针对运动员的研究表明，那些在训练中保持积极心理的运动员，其表现比那些有消极心理的运动员要好20%以上。积极心理不仅能够帮助个人在职业发展中提升职场竞争力，还能够在个人生活中实现自我超越与突破。

五、积极心理与人际关系

（一）建立和维护积极人际关系的技巧

在积极心理的框架下，建立和维护积极人际关系的技巧显得尤为重要。塞利格曼强调，乐观和积极的人际交往能够显著提升个人的幸福感和生活满意度。一项发表在《美国心理学家》杂志上的研究指出，拥有积极社交网络的人在面对压力时，其心理和生理健康状况都更为良好。因此，培养感恩与欣赏的态度，不仅能够增强个人的积极情绪，还能促进与他人的和谐关系。例如，定期表达对他人的感激之情，可以加深彼此的情感联系，从而构建起一个支持性的社交环境。此外，利用积极的自我对话增强自信，也是建立积极人际关系的关键。正如戴尔·卡耐基所言："你所认为的自己，比你所拥有的任何东西都更重要。"通过自我肯定，个人能够更加自信地与他人互动，从而在社交场合中展现出积极和吸引人的特质。

（二）积极心理在解决人际冲突中的作用

在人际交往中，冲突是不可避免的，但积极心理可以成为解决这些冲突的有力工具。积极心理学研究表明，拥有积极心理的个人在面对冲突时，更倾向于寻找共同点和建设性的解决方案。一项发表在《人格与社会心理学》杂志上的研究发现，积极情绪能够促进个人的创造性思维，从而有助于找到创新的冲突解决方法。持积极心理的个人往往采用"双赢"的策略，而不是"零和"思维，这有助于其在人际冲突中找到双方都能接受的解决方案。例如，通过运用"积极倾听"技巧，个人可以更好地理解对方的立场和需求，从而减少误解和冲突。此外，积极心理还能够帮助个人在冲突中保持冷静和理性，避免情绪化的反应，这在处理复杂的人际关系时尤为重要。以积极心理为导向的冲突解决方式，不仅能够缓和紧张的关系，还能够加深彼此之间的理解和尊重，从而构建更加稳固和谐的人际网络。

六、积极心理与职业发展

（一）积极心理对职业满意度的影响

积极心理在职业满意度的提升中扮演着至关重要的角色。根据塞利格曼的研究，积极心理不仅能够提高个人的工作效率，还能增强个人对工作的热情和满意度。一项针对1 000名员工的调查发现，那些拥有积极心理的员工在工作中的幸福感和满意度比拥有消极心理的员工高出30%。持积极心理的员工往往能够看到工作中的积极面，即使面对挑战和压力，也能够保持乐观，从而在工作中找到更多的满足感和成就感。此外，积极心理有助于建立良好的人际关系，这对于职业满意度同样重要。正如柯维在《高效能人士的七个习惯》中所强调的，"以原则为中心的生活方式"能够帮助人们在工作中保持积极和高效，从而提升职业满意度。因此，培养和保持积极心理，对于个人在职业生涯中实现长期的满足和成功至关重要。

（二）如何利用积极心理提升职场竞争力

在职场竞争日益激烈的今天，积极心理的力量显得尤为重要。积极心理不仅能够帮助个人在工作中保持乐观和动力，还能显著提升个人的职场竞争力。根据积极心理学的研究，积极情绪能够拓宽个人的思维模式，增强创造力和问题解决能力。一项发表在《人格与社会心理学》杂志上的研究表明，积极情绪能够促进个人的思维灵活性和创新性的发展，这对于职场上需要不断适应新挑战和解决问题的员工来说至关重要。

在实际应用中，积极心理可以通过多种方式提升职场竞争力。首先，积极心理有助于建立良好的人际关系，这是职场成功的关键因素之一。积极的人更易于获得同事和上司的信任与支持，从而在团队合作中发挥更大的作用。其次，积极心理能够帮助个人更好地应对压力和挑战。在面对困难时，积极的人倾向于采取积极的应对策略，如寻求帮助、学习新技能等，而不是逃避或放弃。这种积极应对的态度能够帮助个人在逆境中成长，提升解决问题的能力。

此外，积极心理还能够增强个人的自我效能感，即个人对自己完成特定任务所拥有的能力的信心。根据班杜拉的自我效能理论，自我效能感强的个人更有可能设定更高的目标，并在面对挑战时坚持不懈。一项针对销售人员的研究发现，那些拥有较强自我效能感的销售人员，其销售业绩显著优于自我效能感较弱的同事。因此，通过培养积极心理，个人可以增强自我效能感，从而在职场上取得更好的成绩。

积极心理在提升职场竞争力方面发挥着不可忽视的作用。通过培养积极心理，个人不仅能够改善人际关系，提高应对压力的能力，还能增强自我效能感，最终在职场上取得成功。以原则为中心的生活方式，能够帮助人们在复杂多变的世界中找到方向和力量。积极心理正是这样一种以原则为中心的生活方式，它能够帮助职场人士在竞争激烈的环境中脱颖而出。

七、积极心理与自我提升

（一）自我效能感的培养与提升

在积极心理的框架下，自我效能感的培养与提升是塑造个人优势的关键。自我效能感，即个人对自己完成特定任务的能力的信心，由班杜拉提出，它直接影响个人的目标设定、动机水平和行为表现。研究显示，自我效能感强的人更有可能设定更高的目标，并在面对挑战时展现出更强的恢复力。一项针对大学生的研究发现，那些具有较强自我效能感的学生在遇到学习困难时，更倾向于采取积极的应对策略，如寻求帮助和使用有效的学习技巧，从而取得更好的学业成绩。

积极心理的培养方法，如通过冥想和正念练习提升自我意识，以及利用积极自我对话增强自信，都是增强自我效能感的有效途径。冥想和正念练习有助于个人更好地了解自己的内在状态，从而在面对挑战时能够更加冷静和自信地应对。积极的自我对话则能够帮助个人重塑对自身能力的认知，通过正面肯定自己的能力，减少自我怀疑，增强解决问题的信心。

此外，积极心理与情绪管理的结合，如情绪识别与调节的结合，也是增强自我效能感的重要方面。能够有效识别和管理自己情绪的人，往往能更好地控制自己的行为，从而在面对困难时保持积极的心理，这有助于增强自我效能感。积极情绪的产生，如保持感恩和欣赏的态度，可以增强个人的积极心理，进而增强自我效能感。

在职业发展方面，积极心理对职业满意度的影响显著。积极心理能够帮助个人在工作中保持乐观和动力，增强自我效能感，从而使个人在面对工作压力和挑战时，能够更加自信地采取行动。一项研究指出，那些在工作中展现出积极心理的员工，更有可能获得晋升机会。

通过积极心理的培养与提升，个人不仅能够增强自我效能感，还能在个人成长、职业发展以及人际关系等多个方面取得积极的成果。正如塞利格曼所言：

"乐观的人不仅更健康，而且更成功。"积极心理的力量在于它能够激发个人的内在潜力，帮助人们在生活的各个领域实现自我超越与突破。

（二）积极心理在自我探索与定位中的应用

积极心理在自我探索与定位中扮演着至关重要的角色。它不仅帮助个人在自我认知中保持乐观和开放的态度，而且还能促进个人在职业和生活中的目标实现。根据德韦克的成长心态理论，拥有积极心理的人更倾向于相信自己的能力是可以通过努力而改变的，这种信念促使他们在面对挑战时更加坚韧不拔。在自我探索的过程中，积极心理使个人能够更加客观地评估自己的优势和劣势，从而在职业规划和个人发展中做出更明智的选择。一项针对大学生的研究表明，那些持有积极心理的学生在选择专业和职业路径时，更倾向于考虑个人兴趣和长远目标，而不是仅仅基于短期的经济收益。此外，积极心理还能帮助个人在遇到困难和失败时，将困难与失败视为成长和学习的机会，而不是麻烦。积极心理使个人在自我定位时，能够将挑战视为成长的催化剂，从而在个人的职业和生活中不断超越自我。

（三）利用积极心理塑造个人核心优势

积极心理的力量在于其能够深刻地塑造个人的核心优势，从而在个人成长和职业发展中发挥关键作用。根据塞利格曼的研究，积极心理能够提高个人的幸福感和生活满意度，同时增强面对挑战时的韧性。一项发表在《美国心理学家》杂志上的研究显示，积极情绪能够拓宽人们的思维模式，使他们能以更加开放的态度看待新方法，从而促进创新和问题解决能力的发展。在职业领域，持积极心理的个人往往展现出更高的工作投入度和满意度，这在谷歌公司推行的"亚里士多德项目"中得到了证实。该项目发现，团队成员的幸福感和团队效能之间存在显著的正相关关系。通过培养积极心理，个人不仅能够更好地认识自我，发掘内在潜能，还能在面对生活挑战时保持乐观，最终实现个人目标并获得职业成功。

（四）积极心理在自我激励与持续成长中的作用

积极心理的力量在于其能够激发个人的内在动力，促进自我激励与持续成长。根据塞利格曼的研究，积极心理能够提高个人的幸福感和生活满意度，进而增强自我效能感，即个人对自己完成特定任务的能力的信心。一项针对大学生的研究表明，那些拥有积极心理的学生在面对学业挑战时，更倾向于采取积极的应对策略，如时间管理和求助，从而取得更好的成绩。通过积极心理的培养，如通过感恩练习和冥想正念，能够帮助个人在日常生活中保持积极心理，从而在面对困难和挑战时，能够保持乐观和韧性，持续推动个人成长。

（五）通过积极心理实现自我超越与突破

积极心理的力量在于它能够激发个人的内在潜能，帮助人们在面对挑战和逆境时实现自我超越与突破。根据塞利格曼的研究，积极心理能够提高个人的抗压能力，使个人能在逆境中保持韧性。例如，塞利格曼的乐观的解释风格理论指出，乐观者倾向于将失败视为暂时的、特定的，并且是外在因素造成的，这种思维方式有助于他们更快地从挫折中恢复过来，并继续追求目标。在实际案例中，我们可以看到许多成功人士，如史蒂夫·乔布斯、奥普拉·温弗瑞等，他们通过积极心理克服了重重困难，最终实现了个人的卓越成就。积极心理不仅帮助他们在职业生涯中取得成功，也使他们在个人生活中实现了自我超越。通过培养积极的自我对话、感恩态度并进行冥想和正念练习，个人能够更好地管理情绪，设定并达成目标，从而在职业发展和个人成长的道路上不断前进。

（六）积极心理在增强自我效能感中的作用

积极心理的力量在于它能够显著提升个人的自我效能感，即个人对自己完成特定任务的能力的信心。根据班杜拉的社会认知理论，自我效能感的形成与四个主要信息源相关：个人成就体验、替代经验、社会说服和生理与情绪状态。例如，通过设定并达成一系列小目标，个人可以积累成功的经验，从而增强自我效能感。一项研究显示，那些在工作中设定具体目标并取得进展的员工，其自我效能感有显著增强，工作满意度有显著提高。此外，积极心理的培养，如通过冥想和正念练习提升自我意识，可以帮助个人更好地管理情绪，减少焦虑和压力，从而在面对挑战时保持冷静和自信。积极心理的实践者，如塞利格曼强调，积极心理不仅能够帮助人们更好地应对生活中的困难，还能够激发内在潜能，促进个人成长和职业发展。

（七）积极心理在自我成长中的角色

积极心理在个人成长的过程中扮演着至关重要的角色。它不仅能够帮助个人在面对挑战和逆境时保持韧性，还能够促进自我效能感的增强，从而推动个人不断前进。根据塞利格曼的研究，乐观的人在面对困难时更有可能采取积极的应对策略，而这种策略的应用与个人的成功和幸福感密切相关。一项针对大学生的研究发现，那些持有积极心理的学生在学业上表现更佳，因为他们更倾向于设定具体的学习目标，并且在遇到挫折时能够快速恢复并继续前进。积极心理还能够通过自我激励和积极自我对话来增强个人的内在动力，使个人在追求目标的过程中保持动力和专注。此外，积极心理有助于个人建立和维护积极的人际关系，这对于个人职业发展和社交网络的构建至关重要。积极主动是个人成长和成功的关键，它要求个人以积极的心理去影响和改变环境，而不是被动地受环境影响。

第四章　自我效能感，
把一件事越做越好的关键

我们身边经常有这样的现象。小学成绩好的孩子，到了中学、大学大概率成绩也比较好。在职场，一个经常面临很多工作挑战的人，大概率也能搞定一个全新挑战。经商也是如此，成功创立一家企业的人，如果给予充足的时间，往往能再成功创立另一家企业。

为什么会是这样呢？著名心理学家班杜拉于20世纪70年代提出了"自我效能感"这个概念。他指出，成功是可以"迁移"的。一个人在某一方面成功了，他会认为自己在其他方面也能成功，即把成功的经验用在其他相关的方面，相信自己有能力取得预期的结果。

自我效能感是指个人对自己完成特定任务的信心和判断。这种信念深植于个人的认知中，影响着人们的行为选择、努力程度、韧性以及在面对挑战和困难时的应对策略。自我效能感并非固定不变，它可以随着个人经验的积累、学习成果的反馈以及社会环境的影响而发展和变化。

自我效能感不同于自尊。自尊是对自己"做人"的评价，自我效能感是对自己"做事"的评价。

自我效能感不是自我概念。自我概念是对自己的看法。自我效能感是对自己执行特定任务能力的看法。

自我效能感也不同于自信。正如班杜拉所解释的那样，"自信是一个非描述性的术语，指的是信念的强度，但并不一定具体说明相信的是什么。我可以非常自信地认为自己会失败"。

一、自我效能感的形成原因

班杜拉的研究发现，自我效能感有四大影响因素，分别是身体亢奋、口头说服、模仿体验和个人掌握。其中，前两个因素是弱影响因子，它们可能会对自我效能感产生微小的影响，且效果并不稳定，容易受到其他因素的影响，后两个因素对自我效能感的影响更为显著和稳定。

（一）身体亢奋

身体亢奋通常与压力或焦虑相关，它可能在某些情况下提高个人的表现，但在其他情况下则可能导致表现下降。这种生理状态的激活可能包括肾上腺素激增、心跳加速、出汗等。如：小张在重要的篮球比赛中感到非常紧张。他心跳加速，手心出汗，这些生理反应让他在投篮时失去了平时的准确度。尽管他平时在练习中投篮非常准确，但在比赛压力下，身体亢奋影响了他的表现。

（二）口头说服

口头说服是通过他人的言语鼓励或建议来影响个人的自我效能感。虽然他人的鼓励可以暂时提升信心，但这种影响可能并不持久，特别是如果没有相应的成功体验或个人掌握经验来支持这种信念。如：小李在准备竞赛时，老师和同学都给予了她很多鼓励和支持，说她非常聪明，能够在比赛中取得好成绩。虽然这些正面的言语让她感到更加自信，但当她在初赛中遇到难题时，她开始怀疑自己的能力。如果没有持续的个人掌握经验，口头说服可能不足以保持她的自我效能感。

（三）模仿体验

模仿体验是一种强有力的学习过程，它通过观察他人的行为和成果来增强个人的自我效能感。如：当一个学生看到班上的同学在科学展览会上展示了一个引人入胜的项目并获得了奖项，这不仅激发了他对科学的热情，也让他相信自己能够设计出同样出色的作品。他开始模仿获奖同学的研究方法和展示技巧，逐步提升自己的科学探究能力。同样，如果一个学生目睹了一个有蜘蛛恐惧症的同学在心理辅导下逐渐克服了恐惧，这也会激励他勇敢面对并克服自己的恐惧，比如在课堂上主动发言或参加社交活动。

（四）个人掌握

个人掌握是通过亲身经历任务的成功来提高自我效能感的最直接方式。它指的是通过直接经验获得的成功感受，这种感受能够有效提升个人对自己能力的评估，从而增强自我效能感。如：当你站在半程马拉松的起跑线上，心中可能充满了紧张和不确定。但随着你一步步向前跑，克服了路途中的疲惫和挑战，最终冲过终点线时，那种成就感是无与伦比的。这种成功的体验会让你感到自己具备了跑更长距离的潜力和能力。因此，当你考虑参加全程马拉松时，你的内心不再是怀疑和恐惧，而是充满了信心和期待。这种由个人掌握经验带来的自信增长，是你继续挑战更高目标的强大动力。

对于一个刚开始接触编程的学生来说，编程世界可能充满了复杂和神秘。但在完成了编程入门课程后，你不仅学会了基础的编程概念和语言，还可能完成了几个小型项目，这些经历让你对自己的编程能力有了直观的认识。当你看到自己编写的代码能够解决问题、创造产品时，你的自我效能感得到了显著增强。这种自我效能感的增强让你更有可能相信自己能够成为一名软件开发人员，并在未来的编程道路上不断进步和创新。

二、自我效能感的作用

首先，自我效能感影响人们的行为和选择。日常生活中，人们时时处处都不得不做出决定——怎样行动以及持续多长时间。一个人对自我效能的判断，影响其对活动和社会环境的选择。人们倾向于回避那些他们认为超过其能力所及的任务和情境，而承担并执行那些他们认为自己能够干的事。人们的任何选择都会对个人成长造成影响。在行动中，较强的自我效能感能培养积极的心理，并促进胜任能力的发展。

其次，自我效能感决定着人们将付出多大的努力以及在遇到障碍或不愉快的经历时将坚持多久。自我效能感越强，越努力，越能够坚持下去。当被困难缠绕时，那些自我效能感弱的人会放松，或完全放弃；而具有很强自我效能感的人则会以更大的努力去迎接挑战。

最后，自我效能感影响人们的思维模式和情感反应模式。自我效能感弱的人与环境作用时，会过多想到个人不足，并将潜在的困难放大。这种思想会让其产生心理压力，使其将更多注意力转向可能的失败和不利的后果，而不是如何有效地运用其能力实现目标；有较强自我效能感的人将注意力和努力集中于目标上，并被挑战激发出更大的潜力。

三、自我效能感与其他理论的关系研究

（一）与成就动机理论、成就目标理论的关系

成就动机理论、成就目标理论在人们的日常生活中无所不在，也是心理学研究中两个古老而重要的概念。因此，自我效能感概念一经提出，心理学家便开始关注它们之间的联系，但研究的结论并不一致。一些持成就动机理论的学者将自我效能感作为成就动机中的一个积极成分，甚至提出用自我效能感取代成就动机作为人的行为的解释因素。一些持成就目标理论的学者倾向于将自我效能感作为一个中介变量，与成就目标交互作用，从而产生与成就目标相关联的行为结果。与上述结论相反，另一些学者认为，自我效能感虽在经验上与成就动机相联系，但两者有着清晰的区别。他们认为，自我效能感和成就动机一起作为成就目标的前因，间接地对成就行为产生影响。比如，安德鲁·埃利奥特在研究中将成就目标分成三种定向：掌握性目标、成就趋近目标与成就回避目标。结果发现，自我效能感与前两者之间存在显著正相关关系，与成就回避目标之间存在显著负相关关系。因此，自我效能感与成就动机、成就目标之间的关系尚需进一步研究。

（二）与目标设置理论的关系

埃德温·洛克认为目标是行为最直接的动力。困难的目标比中等的和容易的目标导致更高的绩效。自我效能感与目标设置有极为密切的关系。强的自我效能感有助于提高目标设定水平、强化目标承诺，从而提高绩效。另外，目标设置也对自我效能感的发展有重要影响。没有事先设置的目标作为衡量绩效的标准，人们很难判断自己做得怎样，以及自己的能力如何。不过，另一些学者发现，情绪因素对目标设置有显著影响。丹尼尔·瑟沃恩将正常被试置于消极、积极和平静三种情绪状态下，以探求自我效能感和目标设置的变化。结果发现，自我效能感并未受到情绪因素的显著影响，但处于消极心境下的被试却提高了自己的目标设置水平。因此，情绪因素有可能是存在于自我效能感与目标设置之间的一个干预变量。

（三）与动机归因理论的关系

自我效能感影响人们的归因模式。在寻求困难问题解决之策时，自我效能感强的人倾向于将失败归因于努力不足，自我效能感弱的人则易归为能力不足。进一步的研究发现，自我效能感与归因之间存在互为因果的关系。比如，将低绩效归因于个人局限性会损害其自我效能感。

（四）与能力观之间的关系

根据自我效能感的理论，先前的绩效水平会对个人的自我效能感产生影响，但不同的人所受的影响并不一样。之所以如此，是因为每个人的认知不一样，其中人们对能力本质所持有的观念是一个重要因素。有的人倾向于能力增长观，相信能力是可变的，可控制的；另一些人则倾向于能力实体观，相信能力是一种固定的、不可控制的特质。前者更多是追求学习目标，以便更快更好地掌握所需的技能，失败对他们来说，是努力不够或策略运用有偏差的指示器，帮助他们提高行为的动机和效果；后者更多是追求成绩目标，认为结果是对自己能力的验证。由此可以推论，在低绩效的情况下，持能力增长观的人，其自我效能感不会出现明显的降低；而持能力实体观的人，其自我效能感则会明显下降。道恩·温特斯的研究也证实，持能力增长观的人，其自我效能感显著地高于持能力实体观的人。但对绩效的影响方面，受到任务复杂性的影响，在简单任务中，追求成就目标的人绩效更好；在复杂任务作业中，则是追求学习目标的人绩效较佳。因此，能力观在绩效与自我效能感之间的作用，以及能力观对自我效能感的影响尚需做进一步的研究。

四、增强自我效能感的方法

（一）设立阶段性小目标

将大目标分解为一系列可实现的小目标。阶段性小目标是增强自我效能感的有效策略，它要求个人通过具体的行动步骤实现短期目标，从而逐步接近长期目标。例如，在语言学习中，可以先设定每周掌握一定数量的新词汇和短语的目标；在健身计划中，可以逐步增加锻炼的强度和时间；在成绩上，可以设定每次作业或测验的小提升目标；在艺术创作上，可以分阶段完成作品的草图、上色和细化；在职业发展中，可以通过参加特定课程来提升必要的技能；在个人理财上，可以设定每月的储蓄目标；在公共演讲上，可以加入演讲俱乐部并定期进行公开演讲；在编程学习中，可以分阶段学习编程概念和实际编码；在阅读习惯上，可以制订每月的阅读数量目标并总结；在社交技能上，可以设定每周参加社交活动和结识新朋友的目标。这些小目标的实现不仅为个人提供了持续的成就感，而且有助于个人建立起对自己能力的信心，最终促进自我效能感的增强。

设定切实可行的阶段性小目标需要遵循SMART原则，确保目标具体、可衡量、可达成、相关且具有时限性。首先，明确长期目标并将其细分为短期、具体的小目标，如将提高英语水平的长期目标分解为每周学习20个新单词的短期目标。目标应具体明确，如在下次月考中提高数学成绩至少10分。它们应可衡量，如通过完成在线课程并获得证书来衡量。同时，目标应现实可达，考虑个人能力、资源和时间，例如每天阅读30分钟，一年内读完24本书。每个小目标都应与长期目标和价值观相关，如每周撰写博客文章以支持成为作家的志向。设定明确的截止日期，如三个月内每天早上跑步30分钟。定期评估并调整目标以适应进度。将目标写下来并寻求朋友和家人的支持，以保持动力和专注。遵循这些步骤，就可以设定出既有挑战性又可实现的阶段性小目标，逐步实现更大的目标。

（二）个人优势与劣势

辩证看待个人优势与劣势是增强自我效能感的关键。首先，通过自我评估识别自己的长处和短板，如意识到自己在技术领域的专长或不足。可以选择与自己能力相近的对象作为参照物，避免与那些在所有方面都远超自己的人比较。利用自己的优势，同时制订计划来改进劣势。保持积极心理，将每个不足都视为成长的机会，并为自己设定合理的期望。庆祝自己的小胜利，并持续学习，接受外部反馈来客观了解自己。同时参与多种活动以发现和培养多方面的技能。通过这些方法，可以更全面地认识自己，接受不完美，同时不断努力实现自我超越，从而增强自我效能感。

（三）增加成功体验

密切关注自己的成功对于培养积极的心理和增强自我效能感极为重要。即使经历过失败，重要的是要认识到失败属于过去，而现在的你拥有新的机会和能力去取得成功。要时刻提醒自己，以往的失败并不能定义你的未来，每一次尝试都是向前迈进的一步。

保持随时记录的习惯，这样你可以直观地看到自己的进步和成功。例如，你制订了一个学习计划，并在第一周内坚持了四天，即使在第五天未能继续坚持，也不应该全面否定自己的努力。相反，应该认识到自己已经成功坚持了计划的大半，这是一个值得庆祝的成就。通过记录和回顾这些成功的经历，去增强信心，激励自己继续前进。

此外，要学会从每次经历中汲取教训，无论这次经历是成功还是失败。成功的经历可以增强自信，而失败则提供了学习和成长的机会。通过不断地积累小胜利，你可以逐渐建立起强大的自我效能感，相信自己能够克服挑战，实现目标。

记住，每个人都有自己的节奏和机会，不要因为一次小小的挫折就放弃。相反，要庆祝每一次的努力和进步。通过这种方式，你可以更加积极地看待自己，更加自信地迎接未来的挑战。

（四）学会辩证归因

学会辩证归因是增强自我效能感的有效策略。在分析成功时，将成就归因于自己的勤奋和努力，可以增强你对未来成功的期望，因为你相信自己的行动能够产生积极的结果。例如，你在考试中取得了好成绩，认识到这是你长时间复习和专注学习的结果，这将提升你对自己学习能力的信心。

同时，在面对失败时，如果将其归因于自己努力不够，而不是固有的能力不足，这种外部归因可以减少自我效能感的减弱。例如，你未能完成一个项目，将其视为是因为时间管理不当或准备不足，而不是因为你不具备完成项目的能力，这将激励你改进方法并再次尝试。

（五）树立学习标杆

为自己树立学习标杆，寻找学习榜样，也是增强自我效能感的一种方法。选择一个你敬仰的人，无论是历史名人、成功的企业家、你的父母、你的老师还是身边的同学，让其成功经历和克服困难的故事激励你。观察其行为，学习其如何面对挑战，并尝试将这些策略应用到自己的生活中。例如，你的亲人或朋友在大学中表现出色，你可以向其学习时间管理和学习技巧。或者，你钦佩某位科学家的创新精神，你可以研究他是如何克服实验中的障碍的。通过模仿这些榜样的态度和行为，你可以逐步增强自己的自我效能感，并在面对挑战时感到更加自信。

此外，老师或者同学的言语往往会对学生的心理和思想产生影响，从而作用于学生的自我效能感。因此，在培养学生的自我效能感时，老师要尽可能多地给予学生正向的评价反馈，使学生能够获得肯定和支持，逐渐形成稳定的自我效能感。在评价方面，老师要根据任务和学生表现情况进行巧妙地设计和实施。例如，对于在短时间内出色地完成了老师布置的任务的学生，老师可以给予其高效、积极等方面的正向评价；对于虽然多次尝试，最终未能顺利完成任务的学生，老师则可以从毅力、抗压能力等方面给予其正向评价。

需要注意的是，这里的正向评价是结合事实进行的公平、客观和系统的评价，而不是具有夸张性、倾向性的评价。在实际的正向评价中，老师要有意识地控制自己的主观倾向性，确保给出的评价能够被学生所理解和认同。例如，对于未能完成任务的学生，除了正向评价其毅力外，还要从结果的角度进行分析和强调，让学生客观、全面地认识自己的优势和不足，形成正确的自我效能感。

第五章　从零开始，避开天赋的"坑"

一、成长的起点

（一）成长的零点：重新定义起点

成长的零点，是对起点的重新定义，它标志着我们摒弃了对天赋的迷信，转而拥抱一个更加科学和现实的成长观。在心理学领域，德韦克的成长心态理论为我们提供了深刻的洞见。德韦克的研究表明，那些相信能力可以通过努力而改变的人，往往能在面对挑战时展现出更大的韧性。这种认识，正是我们重新定义起点的关键。一项针对大学生的研究发现，那些持有成长心态的学生，在遇到困难时更愿意加倍努力，而不是放弃，这最终使他们在学业上取得显著进步。

重新定义起点，意味着我们认识到成长是一个持续的过程，而非一蹴而就。在商业世界中，杰克·韦尔奇的领导哲学强调了从零开始的重要性。韦尔奇曾说："在你成为领导者之前，成功是关于成长；当你成为领导者之后，成功是关于成长他人。"这句话启示我们，无论是在个人成长还是在领导他人时，都需要不断地回到成长的零点，以开放的心态去学习新知识，接受挑战，并且不断进步。这种从零开始的思维模式，鼓励我们持续地自我更新，不断地超越过去的成就。

重新定义起点，还意味着我们接受并拥抱不完美。在艺术领域，米开朗琪罗曾说："我看到了天使在石头里，我只是把多余的石头去掉。"这句话启示我们，成长的过程就像是雕刻，成长就是去寻找本身的我。去掉多余的"石头"，我本具足，只需要找到自我，并将我的特质发挥出来，就是成长的起点。

（二）探索成长的原动力：拒绝天赋迷信

天赋，这个被广泛讨论的概念，往往被误解为成功的唯一决定因素。然而，心理学家安吉拉·达克沃斯的研究表明，成功更多地依赖于"毅力"而非天赋。

她提出的"毅力指数"强调了长期坚持和面对困难时的韧性，而非单纯的智力或才能。多项研究显示，那些在某一领域取得显著成就的人，往往是因为他们投入了大量时间进行刻意练习，而非仅仅依赖于先天的天赋。例如，音乐家、运动员和科学家的成功，往往与他们长时间地专注训练和不断尝试新方法有关。因此，我们应当认识到，成长的真正动力来自不懈地努力和持续地学习，而非单纯依赖于天赋。

（三）从不完美出发：成长的必然选择

成长从来不是一条平滑的直线，而是一条充满曲折与挑战的道路。从不完美出发，意味着我们承认自己的起点并非完美无缺，而是充满了局限和不足。正如德韦克在其著作《心态：新的成功心理学》中所提出的成长心态理论，它强调了面对困难和挑战时，个人应持有的一种积极心理，即相信自己的能力是可以通过努力和学习来提升的。德韦克的研究显示，持成长心态的人在面对失败时更能够坚持不懈，从而实现个人成长并取得成功。例如，她提到的比尔·盖茨和迈克尔·乔丹，他们并非生来就拥有超凡的才能，而是通过不懈地努力和持续地学习，最终达到了事业的巅峰。这表明，成长的必然选择是接受自己的不完美，并以此为动力，不断追求进步和完善。

（四）突破局限：先天能力与后天努力

在探讨成长的过程中，我们不可避免地会遇到关于先天能力与后天努力的辩论。达克沃斯在其研究中指出，成功并非仅由天赋决定，而是由"毅力"和"热情"所驱动的"努力指数"所决定。她发现，那些在面对困难时展现出坚持和毅力的人，往往能够取得更大的成就。这表明，即使在先天能力有限的情况下，通过不懈的努力和持续的奋斗，个人依然能够实现自我超越。例如，著名物理学家阿尔伯特·爱因斯坦并非天生就拥有超凡的智力，他的成功更多地归因于对物理学的浓厚兴趣和不懈探索。

在分析突破局限的过程中，我们还可以参考"10 000小时定律"，这是心理学家马尔科姆·格拉德威尔提出的"练习"概念。他认为在任何领域达到世界级水平需要大约10 000小时的刻意练习。刻意练习强调的是有目的的、有计划、持续不断地努力，而非单纯依靠天赋。这一理论进一步说明了后天努力在个人成长和技能提升中的决定性作用。

在现实生活中，我们也能看到许多通过后天努力改变命运的例子。比如，美国前总统林肯，他出身贫寒，没有受过良好的教育，但凭借自己的勤奋和对知识的渴望，最终成为美国历史上最伟大的领导人之一。林肯的故事激励着无数人，并让人们相信，通过努力，任何人都有可能打破先天能力的限制，实现自己的梦想。

先天能力虽然为个人提供了起点，但成长的真正动力来自后天的不懈努力。通过刻意练习、持续学习和面对挑战时的坚持，每个人都有可能突破自己的先天局限，实现个人潜能的最大化。正如爱迪生所言："天才就是百分之一的灵感加上百分之九十九的汗水。"这句名言提醒我们，成长和成功更多地依赖于后天的努力，而非单纯的天赋。

（五）走向卓越：从平凡到非凡的成长路径

在现代社会，我们同样可以找到许多通过努力实现非凡成就的例子。比如，杰夫·贝索斯将一个简单的在线书店发展成为全球最大的电子商务平台亚马逊，他的成功并非仅靠天赋，而是源于对市场趋势的敏锐洞察和对创新的不懈追求。贝索斯曾表示，当你的目标是1年之内完成，你会发现身边挤满竞争对手，但当你决定用10年或20年时间去完成目标，你会发现通往成功的道路并不拥挤。这表明，对于长远目标的坚持和耐心是走向卓越的关键。

在个人成长的道路上，我们可以借助德韦克的成长心态理论来指导实践。德韦克认为，成长心态是相信自己的能力可以通过努力来提高的信念。她通过研究发现，持成长心态的人在面对挑战时更加坚韧不拔，更愿意接受反馈并从中学习，从而实现个人潜能的最大化。因此，培养成长心态是实现从平凡到非凡转变的重要心理策略。

设定具体而具有挑战性的目标也是推动个人成长的重要手段。洛克的目标设置理论指出，具有挑战性和明确性的目标能够激发个人的内在动机，提高工作绩效。通过设定SMART目标，个人可以更清晰地规划成长路径，逐步实现从平凡到非凡的转变。

从平凡到非凡并非遥不可及，而是需要我们正确看待失败，培养成长心态，设定具有挑战性的目标，并通过持续努力和学习来实现。正如林肯和贝索斯所展示的那样，非凡的成就往往隐藏在平凡的努力之中，等待着那些愿意付出并持之以恒的人去实现。

（六）为何要从零开始

在成长的过程中，从零开始并非一种消极的自我定位，而是一种积极的自我认知和成长策略。德韦克在其著作《心态：新的成功心理学》中提出了"固定心态与成长心态"的概念。持固定心态的人相信自己的能力是固定不变的，而持成长心态的人则认为能力是可以通过努力和学习来提升的。从零开始，意味着我们承认自己在某些领域可能尚未达到理想状态，这正是成长心态的体现，它鼓励我们以开放的心态去学习新知识、掌握新技能，并且不断进步。

从零开始，还意味着我们拒绝了天赋迷信，不再将成功归因于不可控的先天因素，而是聚焦于可控的后天努力。根据格拉德威尔的"10 000小时定律"，一个人要想在某个领域达到专家水平，需要至少投入10 000小时的刻意练习。这表明，无论起点如何，通过持续的努力和实践，我们都有可能达到卓越。事实上，许多成功人士的经历都证明了这一点，比如爱迪生在发明电灯之前，曾经历过无数次的失败。

从零开始，也意味着我们愿意接受自己的不完美，并从失败中学习。心理学家亚伯拉罕·马斯洛在其需求层次理论中指出，自我实现是人类需求的最高层次，而自我实现的前提之一是接受自己的不完美，并在此基础上不断追求成长。从零开始，我们能够更加坦诚地面对自己的不足，从而制订出更加切实可行的学习计划和目标，最终实现个人潜能的最大化。

二、认识自我

（一）自我评估的重要性

在成长的过程中，自我评估是认识自我、明确起点的关键步骤之一。它不仅帮助我们了解自己的优势和劣势，还能揭示我们对成长的态度，激发我们成长的潜力。正如德韦克所提出的成长心态理论，个人通过自我评估可以认识到能力并非固定不变，而是可以通过努力和学习得到提升。研究表明，那些相信智力可以通过努力提高的学生，在面对困难时更愿意坚持，最终取得更好的成绩。因此，自我评估不仅是一种自我认知的工具，更是一种激发潜能、促进成长的策略。

（二）确定个人成长的起点

在个人成长的过程中，确定起点是至关重要的一步。正如德韦克所提出的成长心态理论，个人成长并非由固定不变的天赋决定，而是可以通过不断努力和学习来塑造。因此，个人成长的起点并非天赋的高低，而是对自我能力的正确评估和对成长潜力的坚定信念。通过自我评估，我们可以识别自己的优势和劣势，从而制订出符合个人特点的学习计划和成长路径。例如，使用SWOT分析模型（优势、劣势、机会、威胁）可以帮助个人清晰地认识到自己的起点，并据此规划未来的发展方向。在实践中，我们应鼓励从零开始，因为正是这种自我认知的勇气和对成长的渴望，构成了个人成长的坚实基础。

三、挑战天赋迷信

（一）天赋迷信的起源与影响

在探讨成长的过程中，我们不可避免地会遇到"天赋迷信"这一概念。天赋迷信，即人们普遍相信某些人天生就拥有某种才能或优势，而其他人则无法通过后天努力达到同样的水平。这种迷信的起源可以追溯到古希腊时期，当时人们认为神赋予了某些人特殊的才能。

天赋迷信的影响深远，它不仅限制了人们对自我能力的认知，还可能阻碍个人的全面发展。一项由斯坦福大学进行的研究显示，当学生被告知智力是固定不变时，他们在面对挑战时更容易放弃，而那些被告知智力可以通过努力提升的学生则更愿意直面困难并持续努力。这种现象在教育、体育和商业等多个领域都有所体现。例如，乔丹曾被高中篮球队除名，但他通过不懈努力最终成为篮球史上最伟大的球员之一，这正是对天赋迷信的有力反驳。

（二）突破天赋限制的心理策略

突破天赋限制的心理策略涉及对失败的重新定义。心理学家爱德华·德西和理查德·瑞安提出的自我决定理论强调了内在动机的重要性。他们认为，当个人将失败视为学习和成长的机会时，内在动机就会增强，从而推动个人突破天赋的局限。例如，爱迪生在发明电灯的过程中遭遇了无数次失败，但他将这些失败视为成功的必经之路，最终取得了革命性的成就。爱迪生的案例说明，将失败视为成长的催化剂，可以激发个人的潜能，帮助他们突破天赋的限制。

突破天赋限制的心理策略还包括了对目标设定的科学管理。洛克的目标设定理论指出，明确且具有挑战性的目标能够显著提高个人的表现。洛克的研究显示，当人们为自己设定具体且具有挑战性的目标时，他们更有可能采取行动并持续努力，从而实现超越天赋的成就。例如，乔丹在篮球生涯中不断设定更高的目标，并通过不懈努力实现了这些目标，最终成为篮球史上最伟大的球员之一。这表明，通过科学的目标设定，个人可以有效地突破天赋的限制，实现个人成长。

四、成长心态的培养

在培养成长心态的实践中，一个关键的策略是通过设定具体而具有挑战性的目标来推动个人不断前进。洛克提出的目标设置理论强调了明确目标对于提高个人绩效的重要性。通过设定 SMART 目标，个人可以更清晰地规划成长路径，并在实现这些目标的过程中培养出坚韧不拔的品质。此外，研究显示，那些将失败视为学习机会的人，往往拥有更强的适应能力和更高的成就。

培养成长心态的技巧还包括学会从反馈中学习，无论是正面还是负面的反馈。德韦克的研究表明，持成长心态的人倾向于将反馈视为改进的机会，而不是评价自我价值的工具。例如，当学生在考试中得到低分时，持成长心态的学生会分析错误，寻找改进的方法，而不是放弃或归咎于自己的能力不足。这种从反馈中学习的能力，是通过持续地自我反思和实践来培养的。通过定期的自我评估和反思，个人可以更好地理解自己的成长过程，并调整学习策略以适应不断变化的需求。

此外，建立成长心态还需要培养一种持续学习和探索的态度。在实践中，这意味着要不断寻求新的知识和技能，以及勇于尝试新的方法和途径。例如，通过课程或阅读，个人可以不断扩展自己的知识边界。同时，与他人的交流和合作也是培养成长心态的重要途径。通过与同行或老师的互动，个人可以获得新的视角和灵感，从而促进个人的全面发展。正如孔子所言："三人行，必有我师焉。"

第六章 微习惯，
让成就感成为持续的推动力

我们在完成一个学习任务时，最容易遇到的两个障碍：第一个障碍是虽然下定了决心，但总是无法开始行动。就如跑步，自己早已习惯了回到家就往沙发上一躺，这个时候让你从舒舒服服的地方起身，到跑步机上挥汗如雨，想想都头疼。第二个障碍是虽然开始行动，但无法长久坚持下去，经常是三分钟热度。

针对这两大障碍，美国作家斯蒂芬·盖斯在其畅销书《微习惯》中，提出了一种新颖且实用的策略，即通过微小的习惯改变，逐步实现个人的成长和目标的达成。

一、什么是微习惯

微习惯是一种非常小的、几乎不需要意志力就能养成的习惯。它是一种将庞大目标分解为微不足道的小步骤的方法，这些小步骤易于执行，几乎不会让人感到压力，但能引领你走向实现大目标的方向。

微习惯的特点包括：

（1）小到不可能失败：微习惯如此之小，以至于你不需要依赖意志力就可以完成它。例如，如果你想培养跑步的习惯，那么微习惯可以是每天只跑一分钟。

（2）具有自我强化性：一旦开始实践微习惯，人们往往会超出微习惯的目标，因为开始行动，本身就是最难的部分。

（3）很容易坚持：由于微习惯很容易执行，因此即使在忙碌或状态不佳的日子里，你也有很大可能坚持下去。

（4）产生积累效应：随着时间的推移，微小的行动会积累成显著的结果。例如，每天写50字，一年下来就是大约18 250字。

微习惯的核心理念是利用行为心理学中的"最少努力原则"，通过设定一个非常低的标准，使得人们可以轻松克服行动前的障碍，从而逐渐形成稳定的习惯。这种方法适用于培养各种习惯，如早睡早起、锻炼、阅读、写作等。

二、为什么微习惯有用

（一）微习惯中的脑科学

在《微习惯》一书中，盖斯运用心理学和生物学的原理，深入探讨了习惯是如何在我们的日常生活中形成的。他指出，我们的大脑分为潜意识部分和意识部分，而微习惯的养成主要是在潜意识的层面上，依赖于基底神经节和前额叶皮质的密切合作。基底神经节，这个大脑区域的功能在于识别行为模式并将其自动化，而前额叶皮质则扮演着行为启动和监督的角色。这意味着，当我们反复执行某个微小的积极行为时，我们实际上是在重新编程我们的大脑，逐步形成新的、自动化的习惯路径。

为了更好地理解这一点，可以考虑一个具体的例子：假设你想养成每天早晨跑步的习惯。一开始，你可以设定一个非常小的目标，比如每天只跑一分钟。这个微习惯如此之小，即使在早晨起床感到疲惫或不愿运动时，你也能轻松完成它。随着时间的推移，基底神经节开始识别并重复这个模式，而前额叶皮质则不再需要积极参与决策过程。最终，跑步成为你早晨自然而然的一部分，而不是需要刻意去执行的任务。

盖斯还特别强调了意志力和动力在习惯养成中扮演的不同角色。他指出，动力是一种基于情绪的驱动力，它可能会因为我们的情绪波动而起伏不定。例如，你可能会因为一个激励人心的演讲而充满动力去跑步，但一旦这种情绪消失，你的行动也可能随之停止。而意志力是一种更为稳定的力量，它让我们能够坚持完成那些我们不太愿意做的事情。然而，意志力也是一种有限的资源，如果过度使用，就会感到疲惫。微习惯策略的巧妙之处在于，它通过设定几乎不需要意志力的极小目标，让习惯的坚持变得毫不费力。因此，即使你的动力消失了，你仍然能够保持每天跑步一分钟的习惯，而这一点点的坚持最终会带来巨大的变化。

（二）微习惯策略的有效性

微习惯策略成功地克服了依赖动力和意志力策略的局限性。它结合了严格性和灵活性：开始时，它几乎不要求任何动力，因此启动成本低，能够轻松推动你开始行动。一旦开始，它又极具弹性，允许你根据个人情况选择是否超额完成目标，而这种选择过程中的自我消耗极小。同时，微习惯策略有效避免了边际效益递减的问题，因为它的难度感知非常低，无论何时开始，都不会让你感到任务艰巨。

以学习新语言为例，假设你想要培养每天学习的习惯。采用微习惯策略，你可以从每天学习一个新单词开始。这个简单的目标不需要太多的动力或意志力就能实现。随着时间的推移，你可能会发现自己在学习过程中感到乐趣，于是决定多学几个单词或进行一些简单的对话练习。这种自我驱动的超额完成不会让你感到疲惫，反而会增加你的学习兴趣。由于每天的学习目标微小，你不会在学习前就感到压力，这使得学习过程可持续，最终帮助你逐步达成掌握新语言的目标。

微习惯的精髓是放弃大刀阔斧的想法，去培养一些最基础的行为，争取每次都能超额完成任务，并长久地坚持下来。如果你也是多次尝试建立好习惯，但都无一例外地失败，不妨转换策略，或许日拱一卒、不期速成的方法，会让你接近理想中的自己。

三、如何在学习中培养微习惯

将下述八个步骤应用于英语学习的微习惯养成，可以这样操作：

（一）选择适合你的微习惯和计划

（1）列出你想要在英语学习上达到的目标，比如提高词汇量、改善发音或增强阅读理解能力。

（2）将这些目标分解成小步骤，例如每天学习5个新单词、每天练习10分钟口语或每天阅读一篇英语短文。

（二）挖掘每个微习惯的内在价值

（1）思考为什么你想提高英语水平，是为了工作、旅行还是个人兴趣？

（2）明确这些内在动机，它们将成为你坚持微习惯的动力源泉。

（三）明确习惯依据，将其纳入日程

决定你的学习习惯是基于时间还是行为方式。例如，你可以决定每天早上起床后立即复习昨天学习的5个单词，或者在晚餐后阅读一篇英语短文。

（四）建立回报机制，以奖励提升成就感

每当你连续完成一周的微习惯任务，给自己一些小奖励，比如看一部英语电影或享受一顿特别的餐点。

（五）记录和追踪完成情况

（1）在墙上挂一个大日历，每天完成学习任务后在相应的日期上打钩。

（2）睡前检查日历，确认自己是否完成了当天的英语学习任务。

（六）微量开始，超额完成

（1）即使你的目标是每天学习5个单词，也可能会在某一天多学几个。

（2）保持这种积极的态度，但不要给自己施加压力，重要的是保持习惯的持续性。

（七）服从计划安排，摆脱高期待值

（1）专注于每天都能坚持学习，而不是一次性取得巨大的进步。

（2）记住，微习惯的养成比短时间内的大量学习更为重要。

（八）留意微习惯养成的标志

当你发现自己在没有刻意思考的情况下就开始执行学习任务，或者在错过一天学习时感到不自在，这就说明你的英语学习微习惯已经养成了。

通过上述步骤，你可以逐渐将英语学习的微习惯融入日常生活中，使其成为自然而然的行为。

四、微习惯中断后的重新开始

在微习惯养成过程中遇到挫折时，可以采用以下心理调整技巧来帮助自己重新振作。

（一）接受并原谅自己

自我接纳是心理韧性的重要组成部分，它使我们能够在面对失败和挫折时保持平和的心态。当我们能够接受自己的不完美并原谅自己的失误时，就能减少内疚和自我批评带来的负面情绪。通过自我接纳，我们可以更快地从挫折中振作起来，以更加积极的态度继续我们的微习惯养成之旅。

（二）重新审视动机

动机是推动我们行动的内在力量，它为我们提供了开始和保持行为所需的能量。当我们在养成微习惯的过程中遇到挫折时，重新连接到我们最初设定目标的动机，可以帮助我们找回丢失的动力。明确的目标和强烈的动机能够激发我们的激情，即使在我们面对困难时也能够提供必要的能量，推动我们继续前进。

（三）专注于过程而非结果

当我们过分关注结果时，往往会增加不必要的压力和焦虑，这可能会影响我们的表现和决策。相反，如果我们能够专注于过程，享受每一次的进步，就能够保持积极的心理，即使进展缓慢，也能够持续努力。这种对过程的专注有助于我们建立起长期的习惯，因为它允许我们在每一步中找到成就感和满足感。

（四）记录和回顾进展

记录我们的努力和成就可以提供一个清晰的进展轨迹，这不仅帮助我们认识到自己的成长，还能够在遇到挫折时提醒我们已经取得的成就。这些记录是我们努力的有形成果，它们可以增强我们的信心，激励我们继续前进，即使在面临挑战时也不会放弃。

（五）保持耐心和持久性

习惯的养成是一个长期的过程，它需要我们保持耐心和持久性。在遇到挫折时，保持耐心意味着我们理解改变不会在一夜之间发生，而持久性则是我们持续努力的动力。这种态度有助于我们在养成微习惯的过程中保持稳定的步伐，即使在面对挑战时也能坚持不懈。通过保持耐心和持久性，我们可以确保自己在微习惯养成的过程中稳步前进。

第七章　WOOP思维模型，让梦想照进现实的新思维

对许多人而言，说出自己的目标，并不是一件特别困难的事情。他们似乎非常清晰地知道，自己这一生中到底有什么特别希望实现的目标。但事实上，他们却无法在一个合理的时间内实现这些目标。

有时候，我们会买很多书，却从来不读；

办了健身卡，却从来不去锻炼；

买了很多网络课程，却从来不听……

生活中的各种事情或因素，成为阻碍他们实现重要目标的绊脚石。对于待办事项清单上迟迟无法实现的目标，他们也总是有一大堆花样百出的借口。

到最后，美好的计划落空，他们也无法实现既定的目标。

据调查研究机构的一项调查，92%的人都无法实现他们的目标。换言之，真正能实现其目标的人，仅仅只有8%。我对这个数字一点也不感到意外。

为什么绝大多数人都无法实现其目标呢？那些成功实现目标的人，他们的秘诀又是什么呢？

就无法实现目标的原因而言，缺乏明确的目标、持之以恒的投入、高度专注和自信等，都是潜在的"罪魁祸首"。

一、心理对照法

纽约大学的心理学教授布里埃尔·厄廷根发现，对于我们所希望实现的愿望，先想实现的好处，再想想实现过程中的障碍，对于愿望的实现更有利。这是因为，乐观的想象更容易让我们产生要去做的冲动。但是我们的大脑有一个缺陷，就是分不清什么是计划，什么是真正的行动。大脑会把乐观的想象当作愿望已经实现，而不再产生行为的动机。这种乐观的想象反而成为这个愿望的阻挠。于是，心理学上就有一种把乐观和悲观结合起来的方法，叫心理对照法。

心理对照法是一种有助于个人目标设定和实现的心理策略。它包括首先想象实现愿望后的积极结果，然后识别和思考可能遇到的障碍，接着再次想象另一个积极结果，再识别另一个障碍，如此循环，从而帮助个人清晰地认识到实现目标的路径和可能的困难。这种方法不仅可以增强个人对目标的渴望和动力，而且有助于个人在面对挑战时制订具体的行动计划。

具体来说，心理对照法的步骤包括：

（1）筛选并写下一个具体的目标。

（2）想象实现目标后的积极结果，并记录下至少一个好处。

（3）思考并记录实现这一结果可能遇到的障碍。

（4）继续想象另一个积极结果，并记录。

（5）再次思考并记录另一个可能的障碍。

（6）重复这一过程，直到对目标有全面了解。

举个例子。在一个阳光明媚的下午，小明坐在图书馆的角落里，手里拿着一本英语小说，但他的心思却飘向了更远大的目标。小明一直梦想着能够像使用母语一样流利地使用英语，不受语言障碍的限制，自由地探索世界。

第一步：设定目标

小明深吸一口气，拿出笔记本，认真地写下了他的目标："这学期结束前，我要能够不看字幕就完全理解英语新闻。"

第二步：想象成功

他闭上眼睛，想象自己正在观看英语晚间新闻，每一个单词都清晰入耳，每一句话他都能理解其深层含义。他有一种成就感，因为他不再受限于语言的障碍，可以和来自世界各地的人们自由交流。

第三步：面对障碍

但小明知道，梦想和现实之间总有障碍。他最大的障碍是时间管理。作为一个忙碌的大学生，他需要在繁重的课业和英语听力练习之间找到平衡。

第四步：再次想象成功

他继续想象，这一次是他在学校的英语演讲比赛中，用流畅的英语赢得了观众的掌声和喝彩。他不仅提高了自己的语言能力，还增加了自信。

第五步：识别新障碍

然而，新的障碍又出现了。小明意识到，他可能会因为听不懂复杂的新闻报道而感到沮丧，这可能会削弱他的动力。

第六步：全面了解目标

小明继续深入思考，他想象自己将来在一家国际公司工作，用英语与全球客户沟通。他也意识到，找到难度合适的听力材料可能是另一个挑战。

其实，心理对照法就是防止过于乐观的幻想降低我们的行动力，让我们在想象乐观前景的同时，想象一下实现愿望的障碍在哪里。让我们先想象愿望达成的时刻，再泼一盆冷水，让我们面对现实。

但是，心理对照法有一个问题，它要求我们同时设想乐观的结果和可能遇到的障碍。很多时候，我们没法行动，就是因为设想的障碍给了我们太大的压力，让我们感觉不可承受，心生畏惧，所以才有了拖延问题。

二、WOOP思维模型

发明心理对照法的是纽约大学的心理学教授厄廷根，她的丈夫同样是一位著名的思维专家，叫彼得·M.戈尔维策。戈尔维策也发明了一种思维工具，对改善拖延症特别有效，这种思维工具叫执行意图。

执行意图就是让你在设想未来要做什么的时候，用一个条件语句——如果……就……

执行意图就像是大脑的种草机，它会将行动的线索，像种草一样，先植入大脑里，一旦时机到来，它将会自动触发行动。这样产生的大多数计划，总是一个抽象、笼统的概念，大脑并不知道什么时候、什么地点、做什么，也就无法触发行动。

于是，厄廷根教授将心理对照法与自己的丈夫戈尔维策发明的执行意图思维结合起来，总结为WOOP思维模型。

具体而言，WOOP思维模型包括四个方面：

W——Wish，就是愿望。你可以想想本周、本月或本年想要实现的愿望。

O——Outcome，最好的结果是什么？W、O这两项可以增加目标的驱动力。

O——Obstacle，设想可能遇到的障碍。

P——Plan，计划。注意，这个计划就是用"如果遇到了什么障碍，我就怎么做"这种"如果……就……"的句式写的。

WOOP思维模型是一种系统化的提升动机和改变行为习惯的心理策略，人们可以用这个模型来发现并实现自己的愿望，安排自己的优先事项和喜好，养成和改变习惯。

三、如何利用WOOP思维模型

我们现在用WOOP思维模型，来重写一下小明想学习英语的过程。

校园的图书馆里，阳光透过窗户洒在小明的身上，他手里的英语小说成了他梦想的催化剂。小明梦想着能像使用母语一样流利地使用英语，去探索更广阔的世界。

李老师注意到了小明的专注，走过来好奇地问：

"小明，看你这么专注，是不是又在构思你的英语学习大计呢？"

小明抬头，眼中闪烁着对未来的憧憬：

"是的，李老师，我设定了一个目标，这学期结束前，我要能够不看字幕就完全理解英语新闻。"

李老师微笑着，鼓励小明：

"太棒了！来，你闭上眼睛，先想象一下你已经能流利地听懂英语新闻了，那会是怎样的情景？"

小明闭上眼睛，脸上露出了自信的笑容：

"我能想象自己在国际会议上用英语自如地交流，和来自世界各地的学者讨论学术问题，甚至在英语演讲比赛中赢得掌声。"

李老师点点头，继续引导：

"很好！现在，让我们来面对那些可能阻碍你梦想成真的障碍。你最大的障碍是什么？"

小明皱了皱眉，认真思考：

"我担心我的时间管理，课业繁重，还要准备英语听力，这很难平衡。"

李老师像变戏法一样拿出了一副"如果……就……"的"魔法牌"：

"别担心，我们有'魔法牌'来对付这些障碍。如果你发现自己没时间学习，那么你会怎么做？"

小明想了想，眼中闪过一丝光芒：

"如果我没时间，那我就在公交车上听英语播客，把那些零碎的时间都变成英语学习的时间。"

李老师继续追问：

"那如果你遇到了听不懂的新闻报道，感到沮丧怎么办？"

小明笑了笑，信心满满：

"如果我听不懂，我就从简单的儿童故事开始，慢慢'打怪升级'。如果感到气馁，我就找我的英语学习小组成员，和他们互相加油鼓劲。"

李老师满意地笑了，把"魔法牌"递给小明：

"太好了，小明！你已经掌握了WOOP'魔法'的精髓。现在，把这些计划写在你的笔记本上，让它们成为你实现梦想的'魔法咒语'。"

小明接过"魔法牌"，兴奋地说：

"谢谢李老师，我一定会用这些'魔法咒语'，让梦想成真！"

李老师和小明的对话，就像是一场魔法冒险，让小明用WOOP思维模型，为自己的英语学习之旅增添了无限可能。通过想象成功、面对障碍、制订计划，小明不仅为自己的目标注入了动力，也铺平了自己的学习之路。

李老师又补充了一些细节：

"记得，每当你感到动力不足时，就回顾一下你的WOOP思维模型。还有，不要忘了庆祝每一个小成就，哪怕是听懂了一个难懂的新闻，也是你向梦想迈进的一大步。"

小明认真记下李老师的每一句话：

"我会的，李老师。我知道这不会一帆风顺，但我已经准备好迎接挑战了。"

李老师鼓励地拍了拍小明的肩膀：

"我相信你，小明。记住，每个伟大的旅程都始于小小的一步。现在，让我们开始你的第一步吧！"

小明带着满满的信心和动力，开始了他实现"英语流利"说的旅程。

四、必须按顺序完成

首先，WOOP思维模型强调了按顺序完成四个步骤的重要性。这种顺序是：愿望、结果、障碍、计划。这四个步骤的顺序不能随意调换，因为它们构成了一种特定的心理过程，有助于我们更深入地了解自己的内心世界和外在环境。

愿望是WOOP思维模型的起点。我们需要清晰地定义自己的愿望，这个愿望应该是我们内心深处真正渴望实现的。在设定愿望时，我们需要问自己："这真的是我想要的吗？""我为什么想要这个？"这样的问题可以帮助我们更深入地了解自己的动机和需求。

接下来是结果。在这一步，我们要尽可能生动地想象愿望实现后的情景。这种想象不仅仅是理性的思考，更是一种情感上的体验。我们需要感受到实现愿望时的喜悦、自豪和满足，这种积极的情绪体验可以极大地激发我们的内在动力。

然后是障碍。在这一步，我们要识别和面对可能遇到的障碍。这些障碍可能是内在的心理障碍，如恐惧、怀疑或拖延；也可能是外在的环境障碍，如时间限制、资源不足等。重要的是，我们要诚实地面对自己的障碍，而不是回避或否认它们。

最后是计划。我们要制订具体的行动计划来克服障碍。这个计划应该是切实可行的，包括具体的步骤、时间安排和应对策略。WOOP思维模型建议我们使用"如果……就……"的语句来制订计划，这种结构有助于我们在遇到障碍时迅速采取行动。

厄廷根教授强调，WOOP思维模型的有效性在于它的顺序性和完整性。如果我们跳过或颠倒了这些步骤，就可能无法充分发挥WOOP思维模型的作用。例如，如果我们先考虑障碍，然后再去想象结果，那么我们可能会因为恐惧和焦虑而无法充分体验到实现愿望时的积极情绪。

此外，WOOP思维模型的简单性和易操作性也是其显著优势之一。它不需要复杂的工具或技术，只需要我们投入时间和精力去思考和规划。通过WOOP思维模型，我们可以更清晰地认识自己的愿望和障碍，找到实现目标的有效方法。

最后，WOOP思维模型的实践性也是其具有有效性的关键。它不仅仅是一种思维工具，更是一种行动指南。通过WOOP思维模型，我们可以将愿望转化为具体的行动，一步步地接近我们的目标。这种行动导向的特点使得WOOP思维模型在帮助人们实现目标方面具有显著的优势。

第八章　战胜拖延，开启高效学习的第一步

一、拖延的表现及根源分析

拖延，这个看似无害的习惯，实则在我们的生活中扮演着破坏者的角色。根据心理学家皮尔斯·斯蒂尔的研究，高达95%的成年人在他们的生活中会经历拖延行为。拖延不仅仅是一个时间管理问题，它更深层次地反映了个人在面对任务时的逃避心理和行为模式。例如，一个学生可能因为害怕失败而推迟开始一项重要的研究项目，或者一个职场人士可能因为对任务的厌恶而不断推迟完成任务。这种行为模式在短期内可能带来心理上的缓解，但长期来看，它会导致任务积压、效率低下，甚至影响到个人的学业成绩、职业发展和人际关系。拖延是时间的小偷，它无声无息地窃取了我们宝贵的时间资源，使我们在不知不觉中失去了实现的目标。

拖延的心理根源复杂多样，涉及个人的心理状态、情绪调节能力以及对任务的认知评估。根据斯蒂尔的研究，拖延行为与个人的冲动性、自我调节能力以及任务的难度和价值评估密切相关。斯蒂尔的拖延公式指出，拖延发生的可能性与对任务的厌恶程度成正比，与任务的即时回报成反比。例如，当一个人面对一项需要长期投入但暂时看不到回报的任务时，他可能会因为缺乏即时满足感而倾向于拖延。此外，情绪调节困难也是拖延的一个重要心理根源。个人可能因为无法有效管理与任务相关的情绪压力，如焦虑和恐惧，并选择逃避，从而导致拖延行为的发生。一项研究显示，有拖延倾向的大学生在面对考试压力时，更容易通过推迟复习来避免焦虑感。此外，认知失调理论也解释了拖延的心理根源，即当个人对任务的认知与实际行为不一致时，可能会产生心理不适，从而导致拖延。因此，理解拖延的心理根源，对于制订有效的克服拖延的策略至关重要。

二、拖延的心理机制

（一）拖延的心理动机

拖延的心理动机是一个复杂而多维的心理现象，它通常与个人的恐惧、焦虑、完美主义倾向以及对即时满足的追求有关。根据斯蒂尔的研究，高达95%的成年人在他们的一生中会经历拖延行为，而其中约20%的人会表现出长期且严重的拖延症状。拖延者往往在面对任务时，会感受到一种内在的矛盾，即对任务的回避与对完成任务后成就感的渴望之间的矛盾。例如，学生可能会因为害怕失败而推迟开始学习，尽管他们内心深处渴望取得好成绩。这种心理动机的分析揭示了拖延行为背后深层次的心理需求和恐惧，为制订有效的克服拖延策略提供了理论基础。

（二）拖延与情绪管理的关系

拖延与情绪管理之间存在着密切的联系，这种联系在心理学领域被广泛研究。根据一项由斯蒂尔进行的研究，拖延行为与情绪调节困难之间存在显著的正相关性。斯蒂尔指出，那些在情绪管理上存在障碍的个人更倾向于推迟任务，因为他在面对任务时可能感到焦虑或恐惧。这种情绪上的不适感促使他选择逃避，从而导致拖延行为的发生。

情绪智力在管理拖延情绪中扮演着关键角色。情绪智力包括自我意识、自我管理、社会意识和关系管理四个维度。高情绪智力的个人能够更好地识别和理解自己的情绪，从而有效地调节情绪反应，减少因情绪波动导致的拖延。例如，他可能会使用情绪调节策略，如重新评估情境或采取深呼吸等放松技巧来缓解紧张情绪，从而提高工作效率。

此外，拖延行为还可能与情绪智力中的自我效能感有关。自我效能感是指个人对自己完成特定任务的能力的信心。当个人对自己的能力缺乏信心时，他们可能会感到焦虑和压力，从而选择逃避任务。通过增强自我效能感，个人可以更积极地面对挑战，减少拖延行为。

情绪管理是战胜拖延的关键因素之一。通过提高情绪管理能力，个人可以更有效地管理自己的情绪，增强自我效能感，从而减少拖延行为，开启高效的生活方式。

三、拖延对个人发展的影响

（一）拖延对学业和职业的影响

拖延在学业和职业领域的影响是深远且具有破坏性的。在学术环境中，拖延可能导致学生错过重要的截止日期，影响学习效果和成绩。根据一项研究，约有70%的大学生报告至少偶尔会拖延，而这种行为与较低的GPA（平均成绩点）有显著关联。例如，一个学生可能因为拖延而未能及时提交论文，结果不仅失去了获得高分的机会，还可能面临额外的学术压力和时间管理挑战。拖延不仅影响短期成绩，还可能对学生的长期学术和职业发展产生负面影响，因为这种行为模式往往会在学生进入职场后继续存在。

在职业环境中，拖延同样可以导致严重的后果。一项针对职场人士的调查发现，约有20%的员工承认拖延是他们工作中最大的时间浪费者。拖延不仅影响个人的工作效率，还可能对团队和整个组织的生产力造成负面影响。例如，一个项目负责人如果拖延决策，可能会导致整个项目延期，进而影响公司的市场竞争力和客户满意度。正如彼得·德鲁克所言："效率是做正确的事，而效能是做正确的事并取得成果。"拖延行为恰恰削弱了个人和组织的效能，阻碍了成功和成就的实现。

（二）拖延对人际关系的影响

拖延不仅影响个人的学业和职业发展，还可能对人际关系产生深远的负面影响。长期拖延的人在社交互动中往往表现出较低的可靠性，这可能导致信任度下降和关系紧张。例如，朋友或同事可能会因为拖延者未能按时完成共同项目或承诺而感到失望，从而损害彼此间的信任。在人际关系中，拖延者可能会被贴上"不可靠"或"不负责任"的标签，这不仅影响当前的关系，还可能对未来建立新关系产生障碍。拖延行为背后往往隐藏着对失败的恐惧和对完美主义的追求，这使得拖延者在人际交往中过于谨慎，害怕犯错，从而错失建立深厚关系的机会。正如柯维所表达的观点，即高效能人士的"七个习惯"之一就是"先定后行"，而拖延恰恰是这一习惯的反面，它破坏了人们在社交互动中的主动性和积极性，进而影响了人际关系的质量和深度。

四、克服拖延的策略

（一）时间管理技巧

战胜拖延，时间管理技巧是关键。有效的时间管理不仅能够帮助我们合理分配每日的工作和学习任务，还能提升我们的生活质量和工作效率。例如，使用著名的番茄工作法，将工作时间划分为25分钟的工作段和5分钟的短暂休息，可以显著提高专注度并减少疲劳。研究表明，这种方法能够帮助人们在短时间内完成更多的工作，同时保持较高的工作满意度。此外，时间管理工具如日历软件、待办事项列表和时间追踪软件，都是帮助我们监控和优化时间分配的有效手段。正如德鲁克所言："时间是最稀缺的资源，而且无法管理。唯一可以管理的是我们自己。"因此，通过时间管理技巧，我们能够更好地控制自己的行为，从而战胜拖延，开启高效生活。

（二）目标设定与任务分解

战胜拖延的第一步是明确目标并将其分解为可管理的小任务。根据SMART原则，设定目标能够提供清晰的方向和动力。例如，一个学生可能将"完成学期论文"这一宽泛目标细化为"每天撰写500字"，从而将一个庞大的任务分解为每日可实现的小目标。通过这种方式，开始任务的恐惧感被减轻，因为任务看起来不再那么有压倒性。心理学家爱德华·班菲尔德的长期导向理论也强调了设定长期目标的重要性，但同时需要将这些长期目标分解为短期可执行的步骤。案例研究显示，那些能够将长期目标分解为短期任务并持之以恒的人，更有可能实现他们的梦想。例如，作家J.K.罗琳在创作"哈利·波特"系列时，就是通过设定每日写作目标来克服创作过程中的拖延。此外，利用时间管理工具如番茄工作法，可以帮助个人在设定的时间内专注于任务，从而提升效率并减少拖延行为。

五、激励自己战胜拖延

（一）自我激励的心理技巧

战胜拖延，首先需要理解自我激励的心理技巧。自我激励并非一蹴而就，它需要我们深入了解内在动机和外在激励的平衡。根据心理学家爱德华·德西和理查德·瑞安提出的自我决定理论，内在动机是推动个人行为的最强大动力。例如，设定的个人目标，若能与个人价值观和兴趣相结合，将更容易激发个人的内在动机，从而减少拖延行为。一项研究显示，当人们在工作中找到意义和乐趣时，他们更有可能表现出更高的工作投入和更低的拖延倾向。

自我激励的心理技巧还包括积极的自我对话和情绪管理。积极的自我对话能够帮助个人在面对困难和挑战时保持积极心理，从而克服拖延。例如，通过使用肯定语句，如"我能够完成这项任务"，可以增强个人的自我效能感，进而提升完成任务的动力。情绪智力在此过程中也扮演着重要角色，它帮助我们识别和管理拖延情绪，如焦虑和恐惧，从而更有效地推动自我激励。

在实际应用中，自我激励的心理技巧可以通过设定SMART目标来实现。例如，一个学生可以将"完成论文"这一宽泛目标细化为"每天撰写500字，持续一周"。这样的具体计划更容易执行，也更容易监控进度，从而减少拖延的可能性。也如柯维在《高效能人士的七个习惯》中所强调的，先做最重要不紧急的事。通过优先级的管理，可以有效避免因紧急事务而不断推迟重要任务的拖延行为。

（二）建立积极的自我对话

积极的自我对话能够帮助个人在面对挑战和压力时保持乐观和动力。根据心理学研究，积极的自我对话可以增强个人的自我效能感，即提升个人对自己完成任务和达成目标的信心。一项发表在《心理学评论》杂志上的研究指出，通过积极的自我暗示，人们可以增强内在动机，从而更有效地克服拖延行为。在实际应用中，一个人可以使用如下的自我对话技巧：当遇到困难时，告诉自己"我有能力克服这个挑战"，或者"我之前成功过，这次也能成功"。这种积极的自我对话不仅能够提升个人的自信心，还能帮助他们更专注于任务本身。此外，积极的自我对话还可以通过减少负面情绪的影响来提升效率，积极主动的态度是实现成功的重要因素。

第九章　记忆：实现高效学习的脑科学

我们可能都有这样的体会：在期末考试前，开始熬夜背诵，试图将一学期的内容压缩在短时间内记住。然而，很快发现，这种方式效果并不理想，一旦考试结束，那些临时记忆的知识就像被风吹散的烟雾，迅速消失了。

当你对某个主题充满浓厚的兴趣时，比如天文学，你会发现自己能够轻松地记住那些星座的位置和特点，而无需刻意去记忆。这种记忆的自然形成源于你对这些内容的好奇心和热情。你可能会发现自己在夜晚仰望星空时，对那些星座的形状和故事产生了深刻的感知，这些感知随着时间的推移逐渐转化为记忆。

一、记忆的本质是什么

记忆是一个主动系统，从感官接收信息，然后将信息变成可用的形式，并在存储信息时对其进行组织，最后再从存储中提取信息。记忆是一系列动作的过程，但同时，它在大脑中也有一个"场所"。我们以计算机存储信息的原理为镜子，映照出人类记忆那既神秘又精妙的全貌。

（一）信息的共性与差异

计算机与人类，在信息的处理与存储上，虽形式迥异，却共享着某些核心原理。计算机内部，信息以二进制的形式存在，由无数的"0"和"1"构成，这些简单的数字组合，通过复杂的算法与逻辑，支撑起庞大的数据世界。而人类记忆，则是一个更为复杂、灵活且充满创造性的系统，它以神经元网络为基础，通过电化学信号传递信息，构建出我们丰富多彩的记忆图景。

（二）计算机存储原理

计算机存储信息的基础之一是半导体集成电路，其中包含了数以亿计的二极管元件，每个元件如同一个开关，具有"导通"与"截止"两种状态，分别对应着二进制的"1"与"0"。这些微小的开关组合起来，能够表示任何形式的数据，无论是文本、图像还是声音。此外，计算机还通过内存、硬盘等存储设备，实现了信息的快速访问与长期保存。

（三）人类记忆的本质：神经回路与共振

与计算机存储的二进制编码不同，人类记忆的本质在于神经回路的形成与共振。当我们通过感官接收外界信息时，这些信息首先被转化为神经信号，在大脑中传播。这些信号在神经元之间传递，形成特定的神经回路，这些回路便是记忆的基础。

神经回路的形成是一个动态且复杂的过程，它涉及神经元的激活、突触的可塑性变化以及信息的整合与分类。当某个信息被反复激活时，相关的神经回路会得到加强，形成稳定的记忆痕迹。这一过程类似于计算机中数据的重复写入与存储，但更加灵活。

然而，人类记忆并不仅仅是一种简单的信息存储机制，它还涉及信息的提取、加工与创造。当我们需要回忆某个事件或知识时，大脑会重新激活相关的神经回路，提取出存储在其中的信息。这一过程并非机械地复制原有信息，而是根据当前的需求与情境，对信息进行重新组合与解释，从而创造出新的理解与意义。

此外，人类记忆还表现出一种独特的"共振"现象。这种共振不仅体现在神经回路之间的相互作用上，还体现在记忆与当前情绪、环境等因素的相互关联上。当我们处于某种特定的情绪或环境中时，相关的记忆会更容易被激活与提取出来，仿佛它们之间存在着某种神秘的共鸣。

人类的记忆如同一张错综复杂的网，它由无数的神经回路交织而成，承载着我们的过去、现在与未来。通过以计算机存储信息原理为镜的对比与分析，我们得以窥见这张记忆之网的某些奥秘。然而，正如计算机无法完全模拟人类的智能与情感一样，我们也无法仅凭现有的知识完全揭示人类记忆的全部真相。

二、短期记忆与长期记忆

人类的记忆系统是一个复杂而精细的网络，其中短期记忆与长期记忆是构成这一系统的两个关键部分。它们各自具有独特的特点和功能，共同支持着我们的工作、学习和日常生活。

（一）短期记忆

短期记忆，也称为"工作记忆"，主要指暂时存储和处理当前正在使用的信息。其主要特点是：

记忆时间短：短期记忆的信息通常只能保持数秒到几分钟的时间，若不进行进一步处理，很快就会消失。

容量有限：短期记忆的容量相对较小，一般只能同时处理大约7±2个信息单元（如数字、单词或概念）。

易受干扰：短期记忆中的信息很容易受到外界的干扰或内部思维活动的影响，导致信息的丢失或混淆。

例子：记住一串电话号码

想象一下，你刚刚在一个繁忙的咖啡馆里遇到了一个多年未见的老朋友。他兴奋地告诉你，他刚刚换了一个新的手机号码，并希望你能存下来以便日后联系。他一口气报出了一串由十一位数字组成的电话号码，比如"138-XXXX-5678"。

当你的朋友开始报号码时，你会尝试在脑海中逐个记住这些数字。但很快你会发现，随着数字的增加，记住所有数字的难度也在增加。这是因为短期记忆的容量有限，通常只能同时处理大约7±2个信息单元（这被称为"神奇数字7±2"原则）。在这个例子中，每个数字或数字组合（如区号、分隔符后的数字）可以被视为一个信息单元。

如果在这位朋友报完号码后，你没有立即采取行动（如重复念出号码、写在纸上或使用手机记录），那么很快你就会发现，自己开始忘记号码的某些部分，尤其是最先和最后报出的数字。这是因为短期记忆中的信息若未经重复或转化为长期记忆，就会迅速衰退和遗忘。

在记住号码的过程中，如果咖啡馆里突然发生了什么事情吸引了你的注意力（比如有人大声喧哗、服务员不小心打翻了杯子等），你可能会发现自己更难记住号码了。这是因为短期记忆非常容易受到外界的干扰，导致信息的丢失或混淆。

（二）长期记忆

长期记忆是人类记忆系统中的一个重要部分，是长期存储并能够长时间保持的信息。长期记忆的特点包括：

存储容量大：长期记忆的存储容量几乎是无限的，可以容纳大量的信息。

保持时间长：长期记忆的信息可以保持数月、数年甚至终生。

稳定性高：长期记忆中的信息不易遗忘，除非受到疾病、衰老或其他特殊因素的影响。

编码多样性：长期记忆中的信息可以以多种形式编码存储，包括语义记忆、情节记忆和程序记忆等。

短期记忆和长期记忆并不是孤立存在的，它们之间存在着密切的联系和互动。短期记忆是长期记忆形成的基础，只有经过加工和巩固的短期记忆信息才能转化为长期记忆。同时，长期记忆中的信息也可以被提取到短期记忆中，以便进行进一步的加工和处理。这种互动关系使得我们的记忆系统能够灵活地应对各种认知任务和挑战。

三、如何才能形成长期记忆

从脑科学的角度来看，我们所有的记忆，都要经过短期记忆这一站，才能被进一步转化为长期记忆。这个保存长期记忆的地方，叫作"大脑皮质"，它相当于人脑的"硬盘"，可以保存我们已经记住的知识。因此，要想记住更多的知识，你要做的，本质上是把更多的知识从短期的"临时中转站"里挪到长期的"硬盘"里。

但是，这件事情对于我们的大脑来说，是不太容易的。

因为，人脑里的这块"硬盘"不同于电脑硬盘，它是无法扩容的。所以为了灵活运用有限的存储空间，我们的大脑会把接收到的所有信息，按照价值分为"必要信息"和"非必要信息"，只有被判定为"必要"的信息才会被运送到大脑皮质内长期保存。

谁来做这个裁判呢？

它就是人脑中的海马体。

海马体是人脑的一个重要功能区，位于大脑颞叶内侧。它的形状有点像弯曲的小手指，直径约1厘米，长度略小于5厘米。

那么，什么样的信息能被海马体判定为"必要信息"呢？

包括人类在内的所有动物学习的作用，本质上其实是记住在险境中获得的经验，以免再次遇到同样的危险，换句话说，所有的学习都是直接为适应生存服务的。

因此，我们的大脑在自然运行状态下，那些考试中需要我们记住的知识，如要考的数学公式，GRE语法或英语单词，历史书上朝代与皇帝的名字等，都不是大脑乐意把它们从短期转变为长期的记忆。从生存的角度来看，这些都是一些"无关痛痒"的信息，大脑要把珍贵的记忆空间更多地用于存储"必要"信息，帮我们更好地生存下去。可以说，人脑的设计机制，其实是为了能够尽快忘记大量信息。相比于"记住"，人脑本来就更擅长"忘记"。

四、投其所好，海马体的判断标准

海马体判断哪些信息应被判定为"必要信息"并进而转化为长期记忆的过程相当复杂且涉及多个层面的考量。

（一）情感与奖励敏感性

海马体对情感和奖励信号非常敏感。当信息与强烈的情感（如快乐、恐惧、惊讶等）或奖励相关联时，这些信息更有可能被海马体视为重要信息并转化为长期记忆。这种情感与奖励的敏感性有助于大脑优先处理对生存至关重要的信息。

有这样一个动物实验，就是训练一只小鼠过迷宫找食物。在实验初期，当小鼠找到食物时，研究人员会给予额外的积极刺激，如轻柔地抚摸或发出愉快的声音，以建立食物奖励与积极情感之间的关联。然后反复把它放入迷宫中，通过试错逐渐找到通往食物奖励的路径。每当小鼠成功找到食物并进食时，研究人员都会给予积极刺激。经过一段时间的训练后，小鼠不仅学会了快速找到食物奖励的路径，而且对这条路径的记忆也变得非常牢固。更重要的是，当研究人员改变迷宫的结构或增加难度时，小鼠仍然能够凭借之前建立的与食物奖励相关联的积极情感记忆，迅速适应并找到新的路径。

研究人员使用先进的神经成像技术，监测小鼠在迷宫中的行为以及海马体的活动情况。他们发现，当小鼠接近食物奖励区域时，其海马体的活动显著增加，这表明情感与奖励敏感性之间的紧密联系有助于小鼠更好地记忆和利用空间信息。

（二）重复与巩固

信息的重复出现和巩固过程也是海马体判断的重要因素。通过反复接触和复习，信息在大脑中的神经连接会得到加强，从而增加其被长期保存的可能性。海马体能够识别这种重复模式，并据此判断信息的重要性和必要性。

这也向我们揭示了，为什么从古至今，谈到学习这件事，人类总在用不同的语言强调同一件事情，那就是"反复训练"。

要想记住更多的知识，唯一有效的路径，就是不断地重复，重复，再重复。

那么，怎么才能提高训练效率呢？其实我们的每一次知识训练都相当于是在用外界信息去刺激海马体。那么，如果我们能提升每一次刺激的强度，就能减少刺激的次数，从而提升记忆效率。

（三）上下文与关联性

信息的上下文环境和与其他信息的关联性也是海马体考虑的因素之一。如果某个信息与个人已有的知识网络紧密相连，或者在当前情境下具有高度的实用性，那么它就更有可能被视为"必要信息"。海马体能够整合来自不同脑区的信息，以评估信息的整体价值和意义。

（四）生理状态与神经递质

个人的生理状态，如压力水平、激素分泌等，也可能影响海马体的判断。例如，压力过大会干扰海马体的正常功能，从而影响记忆的"编码"和存储。此外，神经递质如多巴胺、去甲肾上腺素等在记忆形成和巩固过程中也发挥着重要作用，它们可能通过调节海马体的活动来影响其对信息的判断和存储。

（五）认知资源分配

海马体还需要考虑大脑整体的认知资源分配。由于大脑皮质的存储空间有限，海马体必须根据信息的重要性和紧急性来合理分配认知资源。对于那些紧急且重要的信息，海马体会优先进行处理和存储；而对于那些不紧急或不太重要的信息，则可能会被暂时存储在短期记忆中或直接遗忘。

五、提升记忆效率的策略

（一）情绪唤醒辅助记忆

根据海马体对情感与奖励的敏感性，我们可以巧妙利用杏仁核的功能来提升记忆。杏仁核，它紧邻海马体，只有人类小指的指甲那么大，可以看作是人体"情绪的工厂"，我们平时感受到的喜悦、悲伤、焦虑等情绪都源自这里。研究发现，当我们的杏仁核处于被激活的状态，即情绪高涨时，记忆力更强。

比如，那些让我们印象深刻的往事，大多掺杂着某种强烈的情绪，无论是快乐的庆典还是悲伤的离别。这样伴随着情绪高涨而被存储起来的记忆，往往被称为"回忆"。

激活杏仁核后记忆力提升这一现象，要追溯到最原始的动物本能。古代的人类，同样面临着诸多挑战，如猛兽的侵袭、食物的短缺等。为了生存，他们需要牢牢记住哪些地方危险、哪里能找到食物。因此，"以情绪来辅助记忆"的能力逐渐演变，并保留至今。

那么，怎么才能利用这种能力呢？有一招叫"情绪唤醒"。我们拿一个枯燥的中国历史知识点举例。比如，"1644年，李自成攻入北京，明朝灭亡"这一历史事件。你可以想象，李自成率领农民起义军，历经千辛万苦，终于推翻了腐朽的明朝政权的那种胜利的喜悦。如果将自己置身于那个场景，感受那份激动与震撼，这个知识点就会更容易被记住。

我自己也对这种"情绪唤醒记忆法"深有体会。在我的高中历史课本上，关于1937年南京大屠杀的记述，尤其是"三十万同胞惨遭杀害"这一事实，让我深感悲痛和愤怒。那种强烈的情绪让我至今难以忘怀，同时也让我深刻记住了这段历史。

除了悲痛这种情绪，快乐、好奇等也可以作为记忆的工具。你可以尝试将历史事件与有趣的民间传说或成语故事相结合，创造出新的记忆点。比如，提到"卧薪尝胆"，就会联想到越王勾践如何忍辱负重，最终复仇雪耻的故事。这样的联想既有趣又深刻。

当然，对于一些人来说，考试前的紧张焦虑也能意外地激活杏仁核，提升记忆力。但我更推荐利用积极情绪来记忆，比如在背诵过程中创造有趣的谐音、编排顺口溜，或者将历史人物和事件与自己的日常生活相联系，这样不仅能激活杏仁核，还能让学习过程更加生动有趣。

如果能在记忆过程中进一步对历史事件、人物和理论产生兴趣，那么大脑在激活杏仁核的同时，还可能产生θ波，这是一种与深度记忆和创造力相关的脑电波，将极大地提升记忆效果。

（二）θ波增强记忆法

说到增强记忆，我们不得不提及一种神奇的脑电波——θ波。这种波形的出现，往往伴随着我们的好奇心被激发、紧张感升起、兴奋情绪涌动，或是怀着满心期待。值得注意的是，当θ波在我们的脑海中翩翩起舞时，若我们能适时地刺激海马体——这一记忆形成与存储的关键区域，便能显著减少形成长期记忆所需的刺激次数，有时甚至仅需原先十分之一的努力，便能将短暂的记忆烙印成深刻的长期记忆。

这一发现，在日常学习与生活中得到了生动的验证。你是否也曾有过这样的体验：对于自己感兴趣或充满好奇的内容，即便是偶尔翻阅，也能轻松铭记于心，比如偶像电影明星的每一部作品与年份，或是心爱的球队每位队员的姓名。相反，面对那些缺乏吸引力的考试知识点，即便反复学习，也难以在脑海中留下深刻的印记。

因此，提升记忆效率的一个巧妙策略，便是主动培养对学习内容的兴趣。正如我高中时期的一位英语尖子生所实践的那样，他通过观赏并研读美剧剧本，不仅享受了精彩的剧情，还自然而然地将剧中的精彩词句融入自己的语言库，成为他英语写作中的宝贵素材。这一过程，正是"兴趣就是最好的老师"这一说法的生动体现，而背后隐藏的，正是θ波对记忆力增强的奇妙作用。

还有更有趣的一种人工激发θ波的方法——保持移动状态。你或许已经注意到，有些人偏爱在行走中背诵知识，而这背后，正是θ波在默默助力。研究显示，无论是独自漫步，还是乘坐公交车、地铁等交通工具，只要身体处于移动之中，大脑便更容易释放出θ波。这意味着，在通勤路上聆听学习音频，或许比静坐书桌前苦读文字，更能促进知识的有效吸收与记忆。

（三）关联记忆法

关联记忆法的核心在于将你需要记忆的内容与其他事物建立尽可能多的联系。以英语学习为例，我们可以巧妙地运用关联记忆法来加深对词汇的记忆和理解。

比如，在背诵英语单词时，不仅可以直接记忆其词根和词缀，从而理解其构造和含义的根源，还可以将这些单词融入例句中，通过上下文理解并记忆其用法。同时，边背诵边联想这些单词在实际生活或工作中的应用场景，比如想象自己在旅行中使用新学的词汇与当地人交流。这样的情景模拟能加深记忆。更进一步，你还可以自己创作一些与单词相关的顺口溜或故事，让学习过程充满趣味，也使记忆更加深刻。

此外，将英语知识与图像关联起来也是提升记忆力的有效方法。比如，采用记忆宫殿技术，你可以在脑海中构建一座虚拟宫殿，并规划出一条详细的游览路线。随后，将你要记忆的英语单词、短语或语法规则与宫殿内各个房间、装饰物或特色景物相绑定。每当需要回忆时，只需在脑海中重游这座宫殿，沿着设定的路线行进，便能自然而然地唤醒与沿途景物相关联的英语知识。

同样地，在学习英语课文或阅读材料时，绘制思维导图也是一个将知识与图像关联的好方法。图形化的方式展现文章结构、主题要点及其相互关系，不仅能够帮助你快速把握文章的整体内容，还能在脑海中形成清晰的记忆框架。另外，记住某些关键知识点在课本插图或页面上的位置，也能在需要时迅速定位并回忆起相关信息，这种空间位置关联记忆法对于记忆复杂信息尤为有效。

（四）输出记忆法

在探索记忆与学习的奥秘时，我们已经领略了杏仁核、θ波以及关联记忆法这三个强大工具在"知识输入"阶段的非凡作用。现在，让我们将焦点转向一个同样重要的环节——"知识输出"。对于大脑而言，输出的价值远超过单纯的输入。从海马体的视角出发，尽管重复的输入与输出都能标示信息的重要性，但输出所激发的刺激强度却是无可比拟的。

让我们通过一个具体的英语学习实例来阐述这一原理。假设你正在准备一场英语演讲比赛，主题是"环保的重要性"。在这个过程中，你首先通过阅读书籍、观看纪录片和听讲座等方式，广泛收集并理解了关于环保的各类知识（这是输入阶段）。然而，真正让这些信息在你的脑海中根深蒂固的，并非仅仅是这些输入行为。

在准备演讲稿时，你开始尝试用自己的话将这些知识重新组织并表达出来（这是输出阶段）。你不仅要确保语法的正确，还要思考如何使论点更加鲜明，论据更加有力。这个过程迫使你深入思考每一个概念，寻找它们之间的内在联系，并考虑如何以最具说服力的方式呈现给观众。通过一遍遍地在纸上撰写、修改，甚至模拟演讲，你不仅加深了对环保知识的理解，还学会了如何有效地传达这些信息。

更进一步，你决定向家人或朋友进行试讲。在这个过程中，"向他人讲述"成为你知识输出的又一重要途径。你发现，为了让他人理解并接受你的观点，你需要用更加贴近生活、易于理解的例子来解释复杂的环保概念。这种将知识与实际情景相结合的努力，不仅提升了你的表达能力，还让你的记忆更加深刻。

最终，当你站在演讲台上，自信满满地分享你对环保的见解时，你会发现，那些曾经通过输入获得的知识，在输出的过程中得到了升华。你不仅记住了它们，更重要的是，你学会了如何运用它们去影响他人，改变世界。这正是"知识输出"的魅力所在——它让学习不再仅仅是知识的积累，而是成为一种改变自我、影响他人的力量。

我们再举一个例子，来说明如何在实践中运用知识输出。

假设你是一名正在学习Python编程语言的初学者，目标是掌握基础语法并能用它来解决实际问题。在这个阶段，阅读教材、观看教学视频以及完成在线课程中的练习（这些都是输入阶段）无疑是必不可少的。然而，仅仅停留在这些输入活动上，你可能会发现知识掌握得不够牢固，容易遗忘，或者在实际应用时感到力不从心。

为了更有效地巩固知识并提升实践能力，你决定采取"知识输出"的策略。首先，你开始尝试自己编写小程序，比如编写一个简单的计算器或者一个能够自动发送邮件的脚本。在这个过程中，你需要将学到的语法规则、函数使用、控制结构等知识点融会贯通，并思考如何运用它们来实现特定的功能。这种动手实践的方式，实际上就是在进行知识的输出。

编写程序时，你可能会遇到各种问题，比如语法错误、逻辑错误或是性能瓶颈。解决这些问题的过程，正是你深化理解、巩固知识的好机会。你会不断地回到教材或参考书中去查找答案，或是通过搜索引擎和编程论坛寻求帮助。这种"输入—输出—再输入"的循环，让你对知识点的记忆更加高效和深刻。

更进一步，你还可以考虑将你的编程作品分享给同学、朋友或是社交网络上。比如，你可以将你的计算器程序上传到网络，并附上详细的注释和文档说明。这个过程不仅是对你编程能力的展示，也是一个接受他人反馈、不断优化作品的好机会。通过与他人交流，你可能会发现新的编程技巧、了解到不同的解题思路，甚至是发现你代码中潜在的问题。

此外，你还可以尝试参与一些编程竞赛或项目，与志同道合的伙伴一起合作完成更大的任务。在这个过程中，你需要将你的编程技能与项目管理、团队协作等能力相结合，共同解决更加复杂的问题。这种实战经验的积累，将极大地提升你的编程能力和综合素质。

由此，通过编写程序、分享作品、参与竞赛或项目等实践方式，你可以有效地运用"知识输出"策略来巩固编程知识、提升实践能力，并在不断地挑战和反馈中成长和进步。

六、如何让记忆更准确

要提升记忆的准确性，首先要认识到人类大脑的记忆机制天生就带有一定的"模糊性"，这与计算机的精确存储形成鲜明对比。为了更直观地理解这一点，我们可以将大脑的神经回路与计算机电路进行对比。计算机能够准确无误地保存每一份输入的数据，而人脑则在处理信息时，由于神经元之间的微小空隙和神经突触的"换乘"作用，信息在传递过程中可能出现失真或模糊。

举个生活中的例子，就像你尝试记住一串复杂的电话号码，但往往在需要回拨时，对某个数字的记忆变得模糊不清，让你不得不重新查找确认。这种记忆的模糊性，正是大脑处理信息的方式的一种体现。

现在，让我们通过一个全新的实验场景来进一步说明这个问题。假设我们进行一项动物学习实验，这次的主角是一群蜜蜂。实验设计如下：在一个蜂箱前放置两个不同颜色的花朵模型，一个红色，一个蓝色，每个模型下方都装有微小的食物奖励装置。起初，我们只在红色花朵模型下放置食物，让蜜蜂学会只有访问红色花朵才能获得食物。

随后，我们引入了一个变化：将蓝色花朵模型也装上食物奖励装置，但所放置的食物数量远少于红色花朵。此时，有趣的现象发生了。蜜蜂并没有像计算机那样严格按照"红色花朵=食物"的指令行动，而是开始尝试访问蓝色花朵，尽管它们最初并没有将蓝色花朵与食物直接关联起来。这种尝试体现了蜜蜂记忆的模糊性，使它们能够灵活应对环境的变化。

进一步地，我们可以设想一个更复杂的场景：将蜜蜂放入一个充满各种颜色和形状的花朵的花园中，其中只有少数几种花朵提供食物。蜜蜂需要依靠它们的模糊记忆和不断试错，来发现哪些花朵是值得访问的。相比之下，如果蜜蜂拥有像计算机一样精确无误的记忆，它们可能会错过那些新出现的食物。

上述实验启示我们，动物（包括人类）的模糊记忆在生存中具有重要意义。它赋予了我们适应复杂多变环境的能力，使我们能够在不确定性中寻找到生存的机会。

那么，如何在学习和记忆中利用这种模糊性，使对知识点的掌握更加准确呢？答案仍然是循序渐进。以学习一门新语言为例，初学者往往觉得所有单词和语法规则都模糊不清，难以区分。但通过逐步学习，先从简单的词汇和句型入手，逐渐扩展到掌握复杂的语法结构和表达方式。这种分阶段、逐步细化的学习方式，能够帮助我们逐步清晰化记忆内容，最终达到准确掌握的目标。

再比如，在学习编程时，我们不应该一开始就陷入复杂的算法和数据结构中，而是先从基础的编程语言和数据类型学起，逐步构建起对编程的全面理解。这样，当我们遇到更复杂的编程任务时，就能够更加准确地运用所学知识来解决问题。

总之，记忆的模糊性是人类大脑的一种固有特性，但它并不妨碍我们通过对学习方法和策略的优化来提高记忆的准确性。通过循序渐进的学习过程，我们可以逐步将模糊的记忆内容清晰化、准确化，从而更好地应对学习和生活中的各种挑战。

第十章　提取式记忆：解锁大脑潜能的关键

一、什么是提取式记忆

提取式记忆，作为认知心理学中的一个核心概念，指的是从大脑中主动检索信息的过程。与存储式记忆不同，提取式记忆强调的是信息的检索能力而非信息的存储量。例如，学生在考试时，能够迅速从记忆中提取出所需的公式和概念，这种能力比单纯记住大量信息更为重要。提取式记忆的效率直接影响个人的学习成果和日常生活中的决策能力。心理学家赫尔曼·艾宾浩斯的遗忘曲线理论揭示了信息随时间遗忘的规律，强调了提取式记忆训练的必要性。通过定期的提取练习，可以有效对抗遗忘，提高记忆的稳定性。此外，提取式记忆的训练不仅有助于提升学习成绩，还能增强个人在复杂环境中的适应能力，正如爱因斯坦所说："学习知识要善于思考，思考，再思考。"提取式记忆正是这一过程中的关键环节。

提取式记忆与存储式记忆是人类认知过程中的两种不同机制，它们在大脑信息处理和长期记忆形成中扮演着关键角色。存储式记忆强调信息的录入和保存，类似于图书馆的书籍归档，而提取式记忆则关注如何有效地从记忆库中检索信息，类似于读者在图书馆中寻找特定书籍的过程。研究显示，提取式记忆的效率直接影响学习和理解的深度。正如艾宾浩斯遗忘曲线揭示了信息随时间遗忘的速率，强调了提取练习的重要性。在教育领域，提取式记忆训练方法，如间隔重复策略，已被证实能显著提升个人的学习效率，因为它通过定期提取信息来强化记忆痕迹。此外，提取式记忆的挑战在于如何克服干扰理论中提到的干扰效应，即如何克服新旧信息之间的相互干扰。通过创造性联想和多感官参与，可以增强个人对记忆的提取能力，从而在日常生活中更好地应用提取式记忆。如在需要回忆电话号码或重要日期时，通过构建故事或使用记忆宫殿技术，可以显著提高记忆提取的准确性和速度。

二、提取式记忆的工作原理

（一）记忆编码过程

提取式记忆的编码过程是记忆形成的关键阶段，它涉及信息从感官输入到大脑的转换和初步处理。在这一过程中，大脑将外界刺激转化为神经信号，进而形成可以存储和提取的记忆痕迹。根据艾宾浩斯遗忘曲线理论，信息编码的效率直接影响到记忆的持久性。一项研究显示，如果在学习后立即进行复习，信息的编码将更加牢固，遗忘速度会显著减慢。此外，记忆编码过程也受到个人差异的影响，如注意力集中程度、情绪状态以及先前知识的储备。心理学家戴维·保罗·奥苏贝尔提出的有意义学习理论强调，当新信息与学习者已有的认知结构相联系时，编码过程更为有效。因此，在教学中应用提取式记忆的编码原理，通过构建知识之间的联系，可以显著提升学习效率和记忆的稳定性。

（二）记忆存储过程

提取式记忆的存储过程是大脑信息处理的关键阶段，它涉及将感知到的信息转化为长期记忆的机制。在这一过程中，信息首先经过编码，即大脑对信息进行初步处理，形成可以存储的神经表征。例如，当我们学习一个新单词时，大脑会将这个单词的发音、形状和意义进行编码。随后，这些编码的信息被转移到大脑的长期记忆库中，这一过程被称为"巩固"。研究表明，睡眠在巩固记忆方面扮演着重要角色。睡眠期间，大脑会重新激活白天学习的信息，帮助将短期记忆转化为长期记忆。心理学家艾宾浩斯的遗忘曲线揭示了记忆随时间衰减的模式，强调了及时复习的重要性。通过间隔重复策略，即在不同时间间隔重复学习材料，可以有效提高记忆的持久性。此外，提取式记忆的存储过程也受到个人差异的影响，如年龄、健康状况和认知能力等因素，这些都会影响信息的编码和巩固效率。因此，理解记忆存储过程对于开发有效的学习方法和提升大脑潜能至关重要。

（三）记忆提取过程

提取式记忆是大脑在需要时从存储的信息中检索特定知识或经验的过程。这一过程对于学习和理解至关重要，因为它不仅涉及信息的编码和存储，更关键的是能够有效地从记忆中提取信息。艾宾浩斯遗忘曲线揭示了信息随时间遗忘的模式，强调了及时复习的重要性。在提取式记忆中，信息的提取往往伴随着一定的挑战，如干扰理论所指出的，新旧信息之间的干扰可能导致提取失败。为了克服这些挑战，记忆宫殿技术提供了一种强有力的策略，通过在心中构建一个熟悉的空间来组织和记忆信息，从而提高提取效率。此外，创造性联想和间隔重复策略也被证明是提升记忆提取能力的有效方法。通过这些方法，人们可以更好地在需要时提取记忆，从而在学习、工作乃至日常生活中发挥大脑潜能。

三、提取式记忆的重要性

（一）学习与理解

提取式记忆在学习与理解的过程中扮演着至关重要的角色。它不仅涉及信息的编码、存储，更关键的是信息的提取。根据艾宾浩斯遗忘曲线理论，信息遗忘的速度最初非常快，但随着时间的推移，遗忘速度逐渐减慢。因此，提取式记忆训练要求我们在学习后不久进行复习，以巩固记忆。例如，间隔重复策略就是一种有效的提取式记忆训练方法，它通过在不同时间间隔重复学习材料，帮助大脑更有效地提取信息。研究表明，间隔重复可以将信息的长期记忆率从20%提高到80%。此外，创造性联想也是提取式记忆中一个重要的技巧，通过将新信息与已知信息相联系，可以显著提升学习效率。例如，通过构建故事或图像来记忆一系列单词，可以使得记忆更加深刻。在提取式记忆中，想象力的应用能够帮助我们更好地理解和记忆复杂概念。

（二）日常生活中的应用

在日常生活中，提取式记忆的应用无处不在，它是我们大脑处理信息、学习新知识和回忆过去经历的关键机制。例如，当我们在准备一场重要演讲时，提取式记忆帮助我们从大脑中检索出相关的知识点和经验，以确保演讲内容的连贯性和深度。根据艾宾浩斯遗忘曲线理论，信息遗忘的速度最初非常快，但随着时间的推移，遗忘速度会逐渐减慢。因此，通过间隔重复策略，我们可以有效地巩固记忆。例如，复习学习材料时，采用分散练习的方法，每隔一段时间复习一次，而不是在短时间内集中复习，这样可以显著提高长期记忆的效率。此外，创造性联想在提取式记忆中也扮演着重要角色，通过将新信息与已知信息相联系，我们可以更容易地提取记忆。例如，学习外语时，将新词汇与母语中的相似词汇或图像联想起来，可以提高记忆的持久性。多感官参与，如视觉、听觉和触觉的结合，也已被证明可以增强记忆效果。例如，在学习历史事件时，通过观看相关纪录片、听历史故事，可以更全面地理解和记忆历史知识。提取式记忆的训练不仅有助于个人学习和工作效率的显著提升，而且对大脑健康也有积极影响，有助于延缓认知老化，保持大脑活力。

四、提取式记忆的挑战

（一）遗忘曲线理论

提取式记忆的训练与应用，必须考虑到遗忘曲线理论的影响。遗忘曲线理论由心理学家艾宾浩斯提出，揭示了记忆随时间衰减的规律性。根据艾宾浩斯的研究，信息遗忘的速度最初非常快，随后逐渐减慢，直至趋于平稳。例如，在学习新知识后，20分钟内可能遗忘42%的信息，而一天后可能遗忘66%，一周后遗忘率则可能高达75%。这一理论强调了及时复习的重要性，因为通过复习可以有效地对抗遗忘，巩固记忆。在提取式记忆的训练中，间隔重复策略正是基于遗忘曲线理论设计的，通过在特定时间间隔内重复信息，可以显著提高记忆的保持率。例如，使用间隔重复软件，可以在记忆开始衰退时进行复习，从而在记忆即将消失的临界点上重新巩固信息。此外，提取式记忆训练中的分散练习与集中练习的融合模式，也与遗忘曲线理论紧密相关。分散练习有助于避免学习疲劳，而集中练习则有助于在短时间内对信息进行深度加工。通过合理安排练习的时间间隔和频率，可以最大化地利用遗忘曲线理论，优化记忆效果，从而解锁大脑潜能，提升学习和工作效率。

（二）干扰理论

干扰理论是心理学中解释记忆遗忘的一个重要理论，它认为遗忘是由于记忆之间的相互干扰。在提取式记忆的过程中，干扰理论揭示了记忆提取的复杂性。例如，当学习者试图回忆一个特定的事实时，他们可能会受到之前学习的相似信息的干扰，这种现象被称为"前向干扰"。相反，新学习的信息可能会干扰对旧信息的回忆，这被称为"后向干扰"。在教育领域，这种干扰效应尤其显著，学生在准备考试时，新学的材料可能会覆盖旧知识，导致旧知识的遗忘。为了减少干扰效应，教育者可以采用间隔重复策略，通过在不同时间间隔重复学习材料，帮助学生巩固记忆，从而提高提取式记忆的效率。此外，记忆宫殿技术，即通过构建一个熟悉的心理空间来组织和记忆信息，也被证明可以有效减少干扰，因为它为信息提供了一个独特的、不易混淆的存储环境。在提取式记忆训练中，通过深入思考和应用干扰理论，我们可以更好地理解记忆的机制，从而更有效地利用我们的大脑潜能。

五、提取式记忆的训练方法

（一）记忆宫殿技术的原理与实践

记忆宫殿技术，又称为"方法论位置"，是一种古老而强大的记忆技巧，它依赖于将信息与熟悉的空间位置关联起来，从而增强记忆的提取能力。这一技术的原理基于人类大脑对空间信息的卓越处理能力，通过在心中构建一个虚拟的"宫殿"，并在其中放置代表所需记忆信息的图像或符号，从而实现信息的编码、存储和提取。例如，古希腊诗人西蒙尼德斯在一场宴会厅坍塌事故后，凭借记忆中宴会厅的布局和宾客的位置，成功回忆起所有宾客的名字，这一历史事件被认为是记忆宫殿技术的起源。

在提取式记忆的实践中，记忆宫殿技术被广泛应用于各种需要大量记忆的领域，如法律、医学和语言学习。研究表明，通过将抽象信息转化为视觉图像，并放置在记忆宫殿的特定位置，人们可以显著提高记忆的准确性和持久性。例如，医学院学生可以将复杂的解剖学结构与他们熟悉的家庭布局相联系，通过在心中"走访"这些结构来回忆其功能和位置。

记忆宫殿技术的实践不仅限于学术领域，它也被证明在日常生活中具有实际应用价值。例如，销售人员可以利用记忆宫殿技术来记忆客户的名字和偏好，从而提升客户关系管理的效率。此外，记忆宫殿技术还被用于提升大脑健康，定期的训练可以加强大脑的神经可塑性，延缓认知老化的过程。正如心理学家威廉·詹姆斯所言："我们只使用了大脑的一小部分潜能。"记忆宫殿技术正是解锁大脑潜能的一种有效工具。

（二）创造性联想在提取式记忆中的应用

创造性联想在提取式记忆中的应用，是解锁大脑潜能的关键因素之一。通过将新信息与已有的知识框架相联系，人们能够更有效地编码和提取记忆。心理学家发现，当人们学习新词汇时，如果能够将这些词汇与个人经历或熟悉的故事相联系，记忆的持久性会显著提高。一项研究显示，使用故事法记忆单词的个人，在一周后的记忆测试中，能够回忆起高达75%的单词，而使用传统死记硬背的方法的个人只能达到20%~30%的回忆率。这种通过创造性联想来增强记忆的方法，不仅适用于语言学习，还广泛应用于对各种学科知识的记忆中。爱因斯坦曾说："想象力比知识更重要。"这句话强调了创造性思维在知识获取和记忆中的重要性。在提取式记忆训练中，通过构建富有想象力的关联，可以显著提升信息的提取效率，从而在学习和日常生活中发挥大脑的潜能。

（三）间隔重复策略的优化与实施

提取式记忆的强化依赖于间隔重复策略的优化与实施，这是一种科学的记忆训练方法，通过在不同时间间隔重复学习材料来提高记忆的持久性。研究表明，间隔重复能够显著提高长期记忆的效率，因为它利用了大脑遗忘曲线的特性，即信息遗忘的速度随时间的推移逐渐减慢。艾宾浩斯遗忘曲线揭示了记忆随时间衰减的模式，而间隔重复正是在记忆开始衰减之前及时复习，从而巩固记忆。在实践中，间隔重复策略的优化可以通过调整复习间隔来实现。例如，首次复习可以在学习后的几分钟内进行，第二次复习则可以安排在一天后，第三次复习在一周后，以此类推。此外，利用现代技术，如智能学习软件，可以根据个人的记忆表现动态调整复习间隔，从而实现个性化学习。例如，Spaced Repetition Systems（SRS）软件、Anki等，就是基于间隔重复算法设计的，它能够根据用户对每个记忆项的掌握程度自动调整复习时间，从而提高记忆效率。这种策略不仅在学术领域得到应用，也广泛应用于语言学习、医学教育等领域，帮助学习者在面对大量信息时，能够有效地提取和利用知识。

（四）多感官参与在记忆训练中的效果

在提取式记忆的训练中，多感官参与被证明是一种极为有效的记忆增强手段。通过调动视觉、听觉、触觉等多种感官，学习者能够以更全面的方式编码和存储信息，从而提高记忆的持久性和准确性。一项由弗雷德里克·克雷克和罗伯特·洛克哈特提出的深度处理理论指出，信息处理的深度与记忆效果成正比。当学习者通过多种感官参与学习时，他们往往会对信息进行更深层次的加工，这有助于信息在大脑中的长期保留。研究显示，结合视觉和听觉的学习材料比单一感官材料的记忆保持率高出30%~40%。此外，多感官学习环境下的记忆训练，如使用记忆宫殿技术，通过在心中构建一个包含各种感官细节的虚拟空间，可以显著提高记忆的细节丰富度和回忆的准确性。这种技术不仅在学术界受到推崇，也被广泛应用于教育和专业培训中，以提升个人的学习效率和记忆能力。

（五）情景模拟在提取式记忆训练中的应用

在提取式记忆训练中，情景模拟是一种极为有效的策略，它通过重现与学习材料相关的情景来增强记忆的提取能力。例如，语言学习者可以通过模拟在特定国家的日常对话情景来练习词汇和语法，这种沉浸式体验能够显著提高语言信息的提取效率。研究表明，当学习者在与学习材料相关的情景中进行提取练习时，其记忆的准确性可以提高30%以上。情景模拟不仅限于语言学习，同样适用于其他领域，如医学院学生通过模拟手术室场景来记忆解剖学知识，或者法学院学生通过模拟法庭辩论来记忆法律条文。这种训练方法的实质是利用大脑对情景的敏感性，通过情景线索触发记忆的提取，从而达到强化记忆的目的。正如教育心理学家杰罗姆·布鲁纳所言："学习最好的刺激是对所学材料的兴趣。"情景模拟正是通过激发学习者对学习内容的兴趣，进而提高记忆提取的效率。

（六）分散练习与集中练习

1.分散练习在提取式记忆中的应用策略

在提取式记忆的训练中，分散练习策略被证明是一种有效的学习方法，它通过在不同时间间隔内复习学习材料，来增强记忆的持久性和提取的准确性。艾宾浩斯遗忘曲线揭示了记忆随时间衰减的规律，而分散练习正是利用这一规律，通过在记忆开始衰退之前进行复习，来巩固记忆。研究表明，与集中练习相比，分散练习可以将学习效率提高30%以上。例如，学生在学习新词汇时，如果采用分散练习，即在第一天学习后，隔天复习，然后在一周后再次复习，这种模式比起连续几天密集学习同一词汇表，更能有效地促进长期记忆的形成。此外，分散练习还能够减少认知负荷，使学习者在复习时能够更加专注于材料的关键点，而不是简单地重复已经掌握的信息。

2.集中练习对记忆巩固的影响分析

在提取式记忆的训练方法中，集中练习作为一种常见的学习策略，对记忆巩固具有显著的影响。根据艾宾浩斯遗忘曲线理论，信息遗忘的速度在最初阶段非常快，但随着时间的推移，遗忘速度逐渐减慢。因此，集中练习在短期内通过重复学习，可以有效地加强记忆痕迹，减缓遗忘速度。研究表明，通过在短时间内多次复习同一学习材料，可以提高长期记忆的稳定性。然而，集中练习并非没有局限性，它可能导致学习者在学习过程中产生疲劳，从而影响学习效率和记忆的深度。教育心理学家本杰明·布鲁姆的学习金字塔模型也指出，单纯依赖集中练习的学习效果并不理想，需要结合其他学习方法，如分散练习和主动回忆，以达到最佳的学习效果。因此，在提取式记忆训练中，集中练习应与分散练习相结合，以实现长期记忆的巩固和大脑潜能的全面开发。

3.分散练习的时间间隔设定

在提取式记忆的训练中，分散练习的时间间隔设定是至关重要的。根据艾宾浩斯遗忘曲线理论，信息遗忘的速度在最初学习后最快，随后逐渐减慢。因此，合理安排复习的时间点，可以有效对抗遗忘，提高记忆的持久性。例如，研究表明，学习新知识后，第一次复习应在24小时内进行，随后的复习间隔可以逐渐延长，如第二天、一周后、一个月后。这种间隔重复策略已被证实能够显著提高长期记忆的效率。在实际应用中，间隔重复软件如Anki等，就是基于这一原理设计，帮助用户通过智能算法优化复习间隔，从而达到最佳记忆效果。

4.集中练习的频率与效果之间的关系

在提取式记忆的训练中，集中练习的频率与效果之间的关系是一个值得深入探讨的领域。根据艾宾浩斯遗忘曲线理论，信息遗忘的速度在最初是最快的，随着时间的推移逐渐减慢。因此，适当的集中练习频率能够有效地巩固记忆，防止信息快速流失。研究表明，对于新学习的材料，每天进行一次复习比隔几天复习一次效果要好，因为频繁的复习有助于加强神经突触之间的联系，从而提高记忆的稳定性。

在实际应用中，布鲁姆的掌握学习理论强调了集中练习的重要性。布鲁姆认为，通过集中练习，学生可以达到对知识高水平的掌握程度，而这种掌握程度是通过反复练习和及时反馈实现的。例如，在语言学习中，学生通过每天集中练习新词汇和语法规则，能够更快地形成语言记忆，提高语言运用能力。

然而，集中练习并非越多越好。心理学家罗伯特·比约克提出了"遗忘促进学习"的概念，指出适度的遗忘可以促进长期记忆的形成。因此，集中练习的频率需要适度，过多的集中练习可能导致认知负荷过重，反而影响记忆效果。

有研究显示，对于复杂的概念，每隔一段时间进行复习，而不是连续不断地复习，能够更好地促进长期记忆的形成。

集中练习的频率与提取式记忆效果之间存在一个最佳平衡点。教育者和学习者需要根据学习材料的难度、个人的记忆能力以及学习目标，灵活调整集中练习的频率，以达到最佳的学习效果。恰当的集中练习频率能够点燃学习者对知识的渴望，激发大脑潜能，实现对知识的长期记忆和应用。

5.分散练习与集中练习的融合模式探索

在提取式记忆的训练中，分散练习与集中练习的融合模式是提升记忆效率的关键策略之一。根据艾宾浩斯遗忘曲线理论，信息遗忘的速度在最初阶段非常快，但随着时间的推移，遗忘速度会逐渐减慢。因此，通过分散练习，即在不同时间间隔内复习相同的学习材料，可以有效对抗遗忘曲线，巩固记忆。研究表明，将学习内容分散在几天内进行复习，比一次性集中学习相同时间的效果要好得多。而集中练习，即在较短的时间内密集地复习同一材料，有助于在短期内迅速提高记忆的准确性。然而，若不与分散练习相结合，集中练习的效果往往难以持久。因此，融合模式的探索强调在学习过程中交替使用这两种练习方法。例如，可以采用"分散练习为主，集中练习为辅"的策略，即在一周内分散安排学习时间，而在周末进行一次集中复习，以巩固一周内所学内容。这种模式不仅能够提高记忆的持久性，还能提升学习效率，使提取式记忆训练更加高效。

六、提取式记忆的应用

（一）教学策略的优化

在教育领域，提取式记忆的优化策略对于提升学习效率和改善教学效果至关重要。研究表明，通过间隔重复和分散练习，学生能够更好地巩固记忆，从而提高长期记忆的稳定性。艾宾浩斯遗忘曲线揭示了信息遗忘的速度随时间的推移而递减，这为间隔重复提供了理论基础。老师可以利用这一理论，设计课程时安排合理的复习时间点，以确保学生在遗忘之前复习材料，从而提高记忆的持久性。此外，创造性联想作为一种有效的提取式记忆训练方法，能够帮助学生通过构建知识之间的联系来加深记忆。例如，通过将抽象概念与学生已知的具体事物相联系，可以促进学生对新知识的理解和记忆。在教学策略上，老师可以鼓励学生通过故事讲述、角色扮演或思维导图绘制等方式，将新学的信息与已有知识网络相融合，从而提升学习效率。

（二）学习效率的提升

提取式记忆的训练方法在提升学习效率方面具有显著作用。研究表明，使用记忆宫殿技术的学生在记忆大量词汇时，其记忆效率可以提高30%~50%。此外，创造性联想作为一种记忆策略，通过将新信息与已知信息相联系，可以显著增强记忆的持久性。例如，将抽象概念与生动的图像或故事相结合，可以提高信息的编码效率，从而提升学习效率。间隔重复策略的优化与实施，即通过在不同时间间隔重复学习材料，可以有效对抗遗忘曲线，使信息在大脑中的留存时间更长。多感官参与的记忆训练，如在记忆时同时使用视觉、听觉和触觉等感官，已被证实可以提高记忆的稳定性和准确性，进而提升学习效率。分散练习与集中练习的融合模式探索，即通过合理安排学习时间，避免过度集中导致的疲劳，同时利用分散练习的优势，可以进一步优化学习效率。

七、提取式记忆与大脑健康

（一）认知老化的影响

随着年龄的增长，认知老化成为不可避免的自然过程，它对提取式记忆产生了显著的影响。研究显示，到了一定年龄后，人们在记忆编码和提取方面的能力会逐渐下降，这与大脑中海马体和前额叶皮质的退化有关。一项发表在《神经科学》杂志上的研究指出，60岁以上的老年人在记忆任务中的表现通常比年轻人差，尤其是在需要快速提取信息的情况下。然而，提取式记忆训练，如间隔重复和记忆宫殿技术，已被证明可以有效对抗认知老化的影响。通过这些训练方法，老年人可以保持甚至提高他们的记忆能力，从而延缓认知衰退的过程。通过持续的提取式记忆训练，老年人可以培养出一种习惯，这种习惯有助于他们保持大脑的活力和记忆力。

（二）提取式记忆训练对大脑健康的益处

提取式记忆训练不仅能够提升个人的学习效率，而且对大脑健康具有显著的积极影响。研究表明，定期进行提取式记忆训练可以增强神经可塑性，即大脑适应新学习和经验的能力。例如，通过间隔重复策略，学习者可以在不同时间间隔复习信息，这种分散练习方法已被证实可以提高记忆的稳定性。一项由艾宾浩斯提出的遗忘曲线理论指出，信息遗忘的速度随时间的推移而递减，但通过有效的记忆训练，可以显著延缓这一过程。此外，记忆宫殿技术，即通过在心中构建一个熟悉的空间来记忆信息，已被证明能够提高记忆的准确性和持久性。在大脑健康方面，提取式记忆训练有助于个人延缓认知老化，甚至可能降低患阿尔茨海默病等神经退行性疾病的风险。提取式记忆训练正是通过"玩耍"和挑战大脑的方式，保持大脑的活力和健康。

第十一章 睡前学习回顾：
提升记忆与理解的晚间仪式

一、睡前学习回顾的重要性

（一）为何要在睡前进行学习内容的回顾

在探讨为何要在睡前进行学习内容的回顾时，我们不得不提及睡眠与记忆巩固之间的紧密联系。根据研究，睡眠期间，大脑会重新激活白天学习的信息，帮助将这些信息从短期记忆转移到长期记忆库中。一项发表在《自然神经科学》杂志上的研究显示，睡眠可以增强记忆的稳定性，减少遗忘。因此，睡前回顾学习内容，实际上是在利用这一自然过程，通过在睡前对学习材料进行复习，提高记忆的持久性。此外，心理学家赫尔曼·艾宾浩斯的遗忘曲线理论也支持这一做法，该理论表明信息遗忘的速度随时间的推移而递减，而及时的复习可以有效延缓这一过程。因此，睡前学习回顾不仅有助于巩固记忆，还能提升学习效率，为第二天的学习打下坚实的基础。

（二）睡前学习回顾对长期记忆的积极影响

在探讨睡前学习回顾对长期记忆的积极影响时，我们不得不提及著名的遗忘曲线理论。艾宾浩斯遗忘曲线揭示了记忆随时间流逝而逐渐衰退的规律，而睡前学习回顾则被证明是延缓这一过程的有效手段。研究表明，通过在睡前对学习内容进行回顾，可以显著提高信息在大脑中的巩固效率，从而加强长期记忆的形成。一项发表在《心理科学》杂志上的研究指出，被试者在睡前复习新学的词汇，其记忆保持率比白天复习的被试者高出15%~20%。此外，利用睡前时间进行思维导图的整理，能够帮助大脑在睡眠中自然地将信息进行分类和整合，进一步加深记忆痕迹。正如爱迪生所言："思考是世界上最艰苦的工作，因此很少有人从事它。"通过睡前学习回顾，我们不仅在进行知识的巩固，更是在培养深度思考的习惯，这对于长期记忆的形成至关重要。

二、睡前学习回顾的科学依据

（一）睡眠与记忆巩固的关联

科学研究表明，睡眠对于记忆的巩固至关重要，尤其是在深度睡眠阶段，大脑会重新激活白天学习的信息，将这些信息从短期记忆转移到长期记忆库中。根据一项发表在《自然神经科学》杂志上的研究，深度睡眠期间，大脑的海马体和大脑皮质之间的信息交流增强，有助于记忆的巩固。这为睡前学习回顾提供了科学依据，说明通过在睡前回顾学习内容，可以更有效地利用睡眠期间的记忆巩固过程，来提升记忆的稳定性和持久性。

此外，睡眠不仅有助于记忆的巩固，还能够促进创造性思维和问题解决能力的发展。在睡眠过程中，大脑会重新组织和整合信息，这有助于我们从新的角度理解学习材料。通过在睡前进行学习回顾，我们实际上是在为大脑提供一个在睡眠中进行深入思考的机会，从而在第二天醒来时，能够以更清晰的思维和更丰富的视角来处理之前学习的内容。这种对认知过程的优化，不仅提升了记忆的效率，也提升了学习的深度和广度。

（二）睡前学习回顾对睡眠质量的影响

睡前学习回顾对睡眠质量的影响是多方面的。根据哈佛医学院的研究，睡眠期间大脑会重新组织和巩固记忆，这一过程被称为"记忆巩固"。在深度睡眠阶段，大脑将白天学习的信息进行整合，有助于提高记忆的稳定性。一项发表在《心理科学》杂志上的研究显示，那些在睡前复习学习材料的学生，在随后的记忆测试中表现更佳，这表明睡前学习回顾有助于记忆的巩固。此外，通过回顾学习内容，个人可以减少睡前的焦虑和压力，因为回顾过程本身可以作为一种放松技巧，帮助个人进入更深层次的放松状态，进而改善睡眠质量。通过将睡前学习回顾培养成一种习惯，个人不仅能够提升记忆和理解能力，还能在不知不觉中提高睡眠质量，从而形成一个良性循环。

三、如何有效地进行睡前学习回顾

（一）设定固定的睡前学习回顾时间

在制订睡前学习计划时，设定一个固定的睡前学习回顾时间是至关重要的。研究表明，大脑在睡眠期间会重新组织和巩固记忆，而睡前的回顾活动可以为这一过程提供必要的信息。根据《睡眠研究》杂志上的一项研究，人们在睡前进行学习后，睡眠中的记忆巩固效果比白天学习后立即休息的效果要好。这可能是因为睡前的静谧环境减少了信息的干扰，使得大脑更容易处理和存储学习内容。此外，固定的学习回顾时间有助于形成习惯，通过每天在相同的时间进行回顾，可以加强大脑对这一活动的期待，从而提升学习效率。例如，设定每晚睡前21:00~21:30为学习回顾时间，不仅有助于个人巩固当天的学习成果，还能为第二天的学习做好准备，形成一个良性的学习循环。

（二）选择合适的学习内容进行回顾

在进行睡前学习回顾时，选择合适的学习内容至关重要。根据认知心理学的研究，人们在睡眠中会经历不同的脑波周期，其中慢波睡眠和快速眼动睡眠阶段对记忆巩固尤为重要。选择那些需要长期记忆和理解的内容，如历史事件的年代、科学公式、语言学习的词汇等，可以在这些关键睡眠阶段得到更好地巩固。一项发表在《自然神经科学》杂志上的研究显示，慢波睡眠期间，大脑会重新激活白天学习的神经连接，加强记忆痕迹。因此，在睡前学习回顾时，应优先考虑那些需要深度加工和长期记忆的信息。此外，根据艾宾浩斯遗忘曲线理论，学习后不久进行回顾可以显著减少遗忘，因此，睡前学习回顾已成为一种高效的学习策略。比如，学习者可以利用思维导图整理一天中学习的要点，通过视觉化的方式加深记忆。同时，自问自答的方式能够检验记忆的牢固程度，从而有针对性地强化薄弱环节。通过这样的回顾，学习者不仅能够巩固记忆，还能在第二天醒来时感到精神饱满，准备好迎接新的学习挑战。

四、睡前学习回顾的具体方法

（一）使用思维导图整理学习要点

在探索睡前学习回顾的实践中，使用思维导图整理学习要点已成为一种高效的学习策略。思维导图通过图形化的方式，将复杂的信息结构化，帮助学习者清晰地识别和记忆关键概念。根据东尼·博赞的理论，思维导图能够利用大脑的自然思维模式，通过关键词和图像来增强记忆和理解。研究表明，使用思维导图的学生在记忆测试中的表现比那些使用传统笔记方法的学生高出30%以上。此外，思维导图中的视觉元素能够促进大脑的左右半球协同工作，从而提升学习效率。在睡前学习回顾时，通过构建思维导图，学习者可以将一天中学习的内容进行整合，形成一个全面的知识网络，这不仅有助于巩固记忆，还能

心的活动，如冥想或瑜伽。通过培养良好的睡前习惯，我们不仅能够提升学习效率，还能保持身体健康。

（二）睡前学习回顾与放松技巧的结合

在探讨睡前学习回顾与放松技巧的结合时，我们不得不提及睡眠对记忆巩固的重要性。根据哈佛大学的研究，睡眠期间，大脑会重新组织和巩固白天学习的信息，这一过程被称为"记忆整合"。在深度睡眠阶段，大脑的海马体与大脑皮质之间的信息交换尤为活跃，有助于将短期记忆转化为长期记忆。因此，睡前回顾学习内容，不仅能够帮助我们巩固记忆，还能提高睡眠质量，从而在放松的状态下促进记忆的巩固。

为了实现睡前学习回顾与放松技巧的完美结合，我们可以借鉴斯蒂芬·金的写作习惯。这位著名作家每天晚上在睡觉前都会回顾当天写作的内容，并在脑中构思第二天的写作计划。他将这一过程称为"心灵的预热"，认为这有助于他放松思维，为第二天的创作做好准备。类似地，我们可以在睡前回顾学习内容时，采用轻松的思维导图方法，将复杂的信息以图形化的方式呈现，这不仅有助于记忆，还能让大脑在视觉和逻辑的双重刺激下进入放松状态。

此外，结合放松技巧，在睡前学习回顾时可以运用深呼吸或冥想的方法来进一步促进身心的放松。例如，通过深呼吸练习，可以降低心率，减少压力激素的分泌，从而为大脑创造一个更加适宜记忆巩固的环境。根据《睡眠研究杂志》的一项研究，冥想能够改善睡眠质量，减少入睡所需时间，提高睡眠效率。因此，在睡前回顾学习内容后，进行几分钟的深呼吸或冥想，可以有效地将学习与放松结合，提升整体的睡眠质量。

第十二章　课前预习：
提升听课效率的关键步骤

一、课前预习的重要性

（一）提高课堂学习效率

在高效学习的过程中，课前预习扮演着至关重要的角色。通过预习，学生能够提前熟悉即将学习的内容，从而在课堂上更加专注于深入理解和应用知识。研究表明，预习可以提高学生在课堂上的参与度，进而提升学习效率。一项针对大学生的研究发现，那些在课前进行预习的学生，在课堂上的提问和讨论中表现得更加积极，且在随后的考试中平均成绩提高了10%。这种效率的提升不仅体现在成绩上，还体现在学生对知识的掌握程度上。正如威廉·巴特勒·叶芝所说："学习不是填满水桶，而是点燃火焰。"预习正是点燃学习热情的火焰，它让学生带着问题和好奇心走进课堂，从而更有效地吸收和处理新信息。

（二）增强学习主动性和积极性

在课前预习的过程中，学生的主动性和积极性是至关重要的。主动学习不仅能够提升学习效率，还能激发学生对知识的渴望。根据一项由教育心理学家本杰明·布鲁姆领导的研究，主动学习者比被动接受者在学习成绩上平均高出30%。这种学习方式要求学生在预习时不仅要阅读教材，还要积极思考，提出问题，并尝试解答。通过这样的过程，学生能够更好地理解材料，并在课堂上与老师和同学进行深入的交流和讨论。

积极性的培养可以通过设定具体的学习目标来实现。例如，学生可以为自己设定短期和长期的学习目标，并将这些目标与预习计划相结合。通过明确目标，学生能够更有方向感，从而提高学习的积极性。开始之前，先明确你想要达到的目标，这样你才能知道你是否成功。这种目标导向的学习方法能够帮助学生在预习时保持动力和专注，不断追求进步。

通过预习，学生可以提前发现自己的知识盲点和疑惑，这将促使他们在课堂上更加积极地提问和参与讨论。积极的课堂互动不仅能够加深对知识的理解，还能增强学习的主动性。一项针对大学生的研究发现，那些在课堂上主动提问的学生，其学习效果比不提问的学生高出40%。因此，课前预习不仅为学生提供了知识的框架，还为他们提供了积极参与课堂讨论的契机，从而进一步激发他们的学习热情。

(三) 培养良好的学习习惯

培养良好的学习习惯是开启高效学习的关键。良好的学习习惯能够帮助学生在课前预习中更有效地吸收知识，提升学习效率。例如，根据艾宾浩斯遗忘曲线理论，学习后20分钟内复习可以将记忆保持率提升至58.2%，而一周后持续复习则能将记忆保持率提高至95.4%。因此，学生在课前预习时，应养成及时复习的习惯，以巩固新学的知识点。此外，通过制订明确的预习计划，如设定具体的学习目标和重点，分配合理的时间进行预习，选择合适的预习材料和资源，学生可以更有条理地进行学习。因此，通过课前预习，学生不仅能够提前掌握课程大纲和教学目标，还能够掌握核心概念和基础知识，为课堂互动和深入学习打下坚实的基础。

二、如何制订有效的预习计划

(一) 确定预习目标和重点

在课前预习的过程中，确定预习目标和重点是至关重要的一步。它不仅能够帮助学生集中精力在关键知识点上，还能提升学习效率，确保学习活动有的放矢。根据布鲁姆教育目标分类学，学生可以将预习目标设定为记忆知识、理解概念、应用技能、分析问题、评价观点和创造新思想六个层次。通过明确这些目标，学生能够更有针对性地选择学习材料和资源，从而在课堂上能够更深入地参与讨论和理解课程内容。比如，对于即将学习的经济学课程，学生可以将预习目标定为理解供需模型的基本原理，重点则是供需曲线的绘制和市场均衡价格的计算。通过这样的预习，学生在课堂上就能更有效地将预习的知识与老师的讲解相结合，提出有深度的问题，甚至能够对案例分析提供独到的见解。

(二) 分配合理的时间进行预习

在高效学习的过程中，合理分配预习时间是关键步骤之一。根据研究，学习者在课前投入的时间与学习成效之间存在正相关关系。一项由布鲁姆领导的研究表明，当学生在学习新概念前进行预习，其学习效率可以提高30%以上。因此，制订一个科学的预习时间表至关重要。学生应该根据自己的学习习惯和课程难度，合理规划预习时间。例如，对于难度较高的课程，建议每天至少安排30分钟至1小时的预习时间。此外，利用时间管理工具如番茄工作法，将预习过程分割成25分钟学习加5分钟休息的周期循环，可以提高学习的专注度和效率。案例分析显示，通过这种方法，学生能够更深入地理解材料，并在课堂上提出更有深度的问题，从而与老师和同学进行更有效地互动。

（三）选择合适的预习材料和资源

在制订有效的预习计划时，选择合适的预习材料和资源是至关重要的一步。合适的材料能够帮助学生更深入地理解即将学习的内容，同时提升预习效率。例如，根据课程大纲和教学目标，学生可以挑选教科书中的关键章节进行精读，同时结合在线开放课程（如Coursera或edX上的相关课程）来获得更广泛的知识背景。此外，利用数据分析模型，如SWOT分析模型可以帮助学生在预习时对即将学习的概念进行结构化的思考。学生在选择材料时应思考如何将新知识与已知知识相联系，从而构建起更加牢固的知识体系。

三、预习内容的深度与广度

（一）掌握核心概念和基础知识

掌握核心概念和基础知识是课前预习的关键，它为学生构建起理解新知识的坚实基础。例如，在学习经济学时，理解供需法则这一核心概念，学生能够预测市场变化和价格波动。根据《经济学原理》中的案例分析，当市场上的商品供应量增加而需求保持不变时，价格往往会下降。通过这样的分析模型，学生不仅能够理解理论，还能将其应用于现实世界的经济现象中。正如爱因斯坦所言："教育就是当一个人把在学校所学全部忘光之后剩下的东西。"核心概念和基础知识正是那些在学习过程中逐渐内化，即使在遗忘具体细节后仍能留存的"剩下的东西"，它们是学生终身学习和适应不断变化的世界的关键。

（二）拓展相关知识背景和实际应用

拓展相关知识背景和实际应用是预习过程中不可或缺的一环。例如，在学习经济学课程时，学生不仅需要掌握供需理论的基本概念，还应了解这些理论在现实世界中的应用，如分析当前市场趋势或评估政策变动对经济的影响。通过阅读最新的经济报告和案例研究，学生可以将抽象的经济模型与现实世界的具体情况联系起来，从而加深理解。此外，"实践是检验真理的唯一标准"，这一名言强调了理论与实践相结合的重要性。学生可以通过参与模拟市场交易或使用经济学分析软件，如Stata或R，来实践理论知识，从而在实际应用中检验和巩固预习成果。

四、预习方法与技巧

（一）阅读教材和参考书

在课前预习的过程中，阅读教材和参考书是构建知识框架和深化理解的关键步骤之一。研究表明，学生在课前通过阅读教材能够提前掌握课程内容的40%~50%，这不仅提高了他们在课堂上的学习效率，还增强了他们对学习内容的主动探索和积极性。通过精心挑选的教材和参考书，学生能够接触到权威的信息源，如《教育心理学》中提到的有意义学习理论，强调了新旧知识之间的联系，而预习正是建立这种联系的有效途径。此外，参考书往往提供了更深入的分析和案例研究，例如在经济学预习中，通过阅读《经济学原理》这样的经典教材，学生能够理解供需模型，并通过案例分析，如"苹果公司的产品定价策略"，来加深对理论的理解。因此，阅读教材和参考书不仅为学生提供了必要的知识储备，也为他们提供了分析问题和解决问题的工具。

（二）利用网络资源和在线课程

在当今数字化时代，利用网络资源和在线课程已成为课前预习不可或缺的一部分。通过互联网，学生可以访问到海量的资源，这些资源不仅包括电子书籍、学术论文，还有视频讲座、互动模拟实验等多媒体内容。使用在线资源进行预习的学生在课堂上的表现比那些没有预习的学生高出30%。这不仅提高了学生的课堂学习效率，也增强了学习的主动性和积极性。

（三）制作笔记和思维导图

在高效学习的过程中，制作笔记和思维导图是预习过程中的关键策略之一。通过将阅读材料和参考书中的信息转化为视觉化的笔记和思维导图，学生能够更清晰地组织和理解复杂的概念。例如，使用思维导图，学生可以将课程的核心概念作为中心节点，然后将相关的子概念和例子作为分支延伸出去，形成一个层次分明的知识网络。这种结构化的信息呈现方式，不仅有助于加深记忆，还能够促进学生对知识的深入理解。研究表明，视觉化学习可以提高信息保留率至65%，远高于单纯阅读文本的10%。此外，思维导图的制作过程本身也是一种积极的学习行为，它要求学生主动筛选信息、建立联系，从而增强了学习的主动性和积极性。正如爱因斯坦所说："如果我不能简单地解释它，那我就没有完全理解它。"制作笔记和思维导图正是将复杂知识简单化的过程，帮助学生在课前预习中达到高效学习的目的。

五、预习与课堂互动的结合

（一）提前准备问题和疑惑

在课前预习的过程中，提前准备问题和疑惑是提升学习效率和深度的关键环节。通过深入分析课程大纲和教学目标，学生可以识别出自己在特定领域的知识空白，从而有针对性地提出问题。例如，在学习经济学时，学生可能会对供需平衡的概念感到困惑，这时他们可以准备相关问题，如"供需平衡点是如何确定的？"或"哪些因素会影响供需平衡？"通过这样的准备，学生在课堂上能够更加积极地参与讨论，提出问题，从而获得更深层次的理解。此外，根据布鲁姆的认知领域分类，学生可以针对记忆、理解、应用、分析、评价和创造六个层次来准备问题，确保预习内容的深度与广度。正如爱因斯坦所说："提出一个问题往往比解决一个问题更重要。"通过提出问题，学生不仅能够促进自己的思考，还能激发老师的教学灵感，形成良好的课堂互动氛围。

（二）在课堂上积极提问和参与讨论

在课堂上积极提问和参与讨论是课前预习的延伸，是开启高效学习之旅的关键步骤之一。通过预习，学生能够对即将学习的内容有一个初步的了解和掌握，这为在课堂上提出有深度的问题和参与讨论提供了坚实的基础。根据一项教育研究，那些在课堂上主动提问的学生，其学习效果比被动接受知识的学生好。这表明，提问和讨论不仅能够促进学生对知识的深入理解，还能激发学生的批判性思维能力。

在实际操作中，学生可以运用费曼学习法，即在理解一个概念后，尝试用自己的话解释给他人听，或者在课堂上向老师和同学提出问题。例如，当学习经济学中的供需模型时，学生可以提出："如果某种商品的价格上升，需求量会如何变化？供给量又会如何变化？"这样的问题能够引导课堂讨论，帮助学生和老师共同探索问题的多个维度。

参与讨论还可以借助案例分析来加深理解。例如，在学习中国历史课程时，学生可以引用具体的历史事件，如"在抗日战争期间，中国共产党领导的敌后抗日根据地的建设对战争胜利产生了怎样的影响？"通过这样的案例分析，学生不仅能够将理论知识与实际历史情境相结合，还能在讨论中学习到不同的观点和分析模型。在课堂上，学生应该勇于提出问题，不畏惧错误，因为正是通过提问和讨论，学生才能不断修正自己的理解，达到更深层次的学习效果。因此，课前预习与课堂上的积极提问和参与讨论相结合，是实现高效学习的重要途径。

（三）将预习内容与课堂讲解相结合

将预习内容与课堂讲解相结合是学习过程中的关键环节，它能够显著提升学习效率和深度。例如，在学习经济学原理时，通过预习了解供需模型的基本概念，学生可以在课堂上更深入地探讨如何将这一模型应用于现实世界的经济现象。根据一项研究，那些在课前对学习材料有所了解的学生，在课堂讨论中能够提出更深刻的问题，并且能够更好地理解老师的讲解。这种结合不仅加深了对课程内容的理解，而且促进了批判性思维的发展。

六、预习效果的评估与调整

（一）定期自我检测预习效果

在课前预习的过程中，定期自我检测预习效果是至关重要的一步。它不仅能够帮助学生及时发现和弥补知识上的漏洞，还能增强学习的针对性和提升学习效率。通过每周进行一次小测验，学生可以量化自己的学习进度和理解程度。比如，在某个数学概念上频繁出错，学生就应该重新审视相关的教材章节，甚至可以寻求老师或同学的帮助，进行针对性地练习。此外，自我检测还可以采用思维导图的方式，将所学知识结构化，以便更好地记忆和理解。通过定期的自我检测，学生能够不断思考和巩固所学知识，及时明确预习效果，规划预习计划。

（二）根据反馈调整预习策略

在课前预习的过程中，根据反馈调整预习策略也是至关重要的一步。这不仅体现了学习者对自身学习过程的反思和自我调节能力，而且是实现高效学习的关键。例如，根据老师在上一堂课后给出的反馈，如果发现对某个概念的理解不够深入，那么在接下来的预习中，就应该将更多的时间和精力投入该概念的深化学习上。通过这种方式，学习者可以确保自己的预习内容与课堂讲解相结合，从而提升学习效率。此外，与同学之间的交流也是获取反馈的重要途径。通过讨论，可以发现自己的知识盲点，或是从他人的视角中获得新的理解。例如，根据小组讨论中同伴提出的观点，学习者可能会意识到自己对某个理论的理解过于片面，从而在后续的预习中，有意识地拓宽阅读范围，寻找更多相关资料来完善自己的知识体系。

（三）与同学和老师交流预习经验

在课前预习的过程中，与同学和老师交流预习经验是提升学习效率和深度的关键环节。通过分享和讨论，不仅可以获得不同的视角和理解，还能促进知识的内化和应用。教育研究表明，学生在小组讨论中能够更有效地解决复杂问题，因为这种互动促进了批判性思维的发展。在交流中，同学们可以分享他们如何通过制作思维导图来组织和理解课程内容，或者如何利用在线资源和MOOCs（大规模开放在线课程）来加深对某个主题的理解。老师则可以提供专业的反馈，指出哪些预习方法是有效的，哪些可能需要调整。这种交流不仅有助于学生发现自己的知识盲点，还能激发他们对学习的热情。正如苏格拉底所言："我唯一知道的就是我一无所知。"通过与他人交流，我们能够意识到自己的知识局限，并通过集体智慧来弥补这些不足。

第十三章 挑战难题：
在自己的最近学习区学习

一、什么是最近学习区

（一）定义与起源

最近学习区理论由心理学家列夫·维果茨基于20世纪初提出，该理论强调了社会互动在认知发展中的核心作用。维果茨基认为，学习者在成人指导或更有能力同伴的帮助下，能够完成他们独立时无法完成的任务。这一理论的起源与维果茨基对儿童心理发展的研究密切相关，他发现儿童在成人的引导下能够达到更高的认知水平。例如，在一项经典实验中，儿童在成人提示下能够解决更复杂的拼图任务，而在没有帮助的情况下则不能。最近学习区理论为教育实践提供了重要的启示，即教育者应当识别并挑战学习者的最近学习区，即那些略高于他们当前能力水平的任务，从而促进学习者认知能力的发展。通过这种方式，学习者可以在安全的环境中尝试新技能，逐步扩展他们的能力边界圈，最终实现个人潜能的最大化。

（二）理论的核心原则

最近学习区理论强调个人在认知发展过程中，应不断挑战自我能力的极限，通过在能力边界圈上进行学习，以实现持续进步。这一理论的核心原则是，学习者应当在现有能力的基础上，寻找那些稍微超出自己掌握范围的任务，即所谓的"最近学习区"，通过努力可以达到但又不至于完全无法应对的挑战。在实践中，这意味着教育者和学习者都应致力于识别并利用这一区域，通过适当的教学策略和学习方法，如合作学习、问题导向学习等，来促进学习者的认知发展。一项针对数学学习的研究表明，当学生被引导去解决稍微超出他们当前能力的问题时，他们的数学成绩显著提高。因此，通过精心设计的学习活动，教育者可以有效地引导学生进入最近学习区，从而促进学生认知能力的提升。

二、理解能力边界圈

（一）能力边界圈的含义

能力边界圈是一个描述个人能力极限的概念，它不仅限定了我们当前能够有效处理任务的范围，同时也标识了我们潜在成长的空间。在最近学习区理论中，能力边界圈的含义被进一步深化，它强调个人在能力的边缘地带进行学习和挑战，可以促进认知和技能的发展。通过适当的支持和挑战，个人可以超越现有的能力边界圈，实现能力的提升。在实践中，这意味着教育者和学习者需要识别并理解个人的能力边界圈，然后在这一边界圈上设定适度的挑战，通过持续的实践和反思，逐步扩展这一边界圈，从而实现持续的成长和进步。

（二）如何识别个人的能力边界圈

识别边界圈并非易事，它要求我们进行自我反思和客观评估。例如，心理学家约翰·弗拉维尔提出的元认知概念，强调了个人对自我认知过程的认识和控制，这为识别能力边界圈提供了理论基础。通过元认知，我们可以更清晰地了解自己已经熟练掌握了哪些领域，哪些领域需要进一步学习和提升。

识别个人能力边界圈的一个有效方法是通过设定挑战性目标，并在实践中观察自己的表现。根据最近学习区理论，当个人在执行任务时感到适度的困难，但又不至于完全无法应对时，他就处于最近学习区。一项研究显示，当学生在解决数学问题时，如果问题的难度略高于他们当前的水平，他们将更有可能通过努力学习来掌握新技能。因此，通过尝试解决稍微超出当前能力范围的问题，就可以观察到自己在哪些方面遇到障碍，从而识别出能力边界圈。

此外，借助于数据和案例分析，我们也可以识别个人的能力边界圈。例如，通过记录和分析自己在特定任务上的表现数据，如完成任务所需的时间、错误率等，可以揭示出自己在哪些方面存在不足。同时，参考其他成功案例中的策略和方法，可以帮助我们发现自己的不足之处。正如爱因斯坦所说："我们不能用制造问题的同一水平思维来解决问题。"通过比较和分析，我们可以更准确地定位自己的能力边界圈，并制订相应的学习计划。

三、最近学习区学习的优势

（一）促进认知发展的机制

在最近学习区理论的框架下，促进认知发展的机制强调了个人在面对适度挑战时的认知适应和成长。根据维果茨基的社会文化理论，学习发生在个人的最近发展区，即在成人或能力更强的同伴的帮助下，个人能够完成独立时无法完成的任务。这种理论认为，通过与更有经验的人互动，个人能够逐步内化这些技能，从而推动认知能力的提升。研究显示，通过协作解决问题，学生在数学问题解决能力上取得了显著提升。此外，德韦克的成长心态概念也与最近学习区理论相辅相成，鼓励学生面对挑战，相信自己的能力是可以通过努力而发展的。在实践中，教育者可以利用这些理论，设计出既能够激发学生兴趣，又能够适度挑战学生认知水平的教学活动，从而促进学生认知能力的持续发展。

（二）提升解决问题能力的途径

在最近学习区理论的指导下，提升解决问题能力的途径要求我们不断挑战自我能力的边界圈。根据维果茨基的社会文化理论，学习发生在个人与环境互动的过程中，而最近学习区意味着教育者和学习者应共同识别并专注于那些略高于学习者当前能力水平的任务，教育者通过与学习者合作并提供指导，逐步提高学习者解决问题的能力。例如，通过案例分析，学习者可以观察并模仿教育者是如何分析问题并找到解决方案的，从而在实践中学习并应用这些策略。

四、实践策略：如何在能力边界圈上学习

（一）设定合理的学习目标

在最近学习区理论的指导下，设定合理的学习目标是实现个人成长和认知发展的关键。这一理论强调，学习者应当寻找那些能提供适度挑战但又不至于完全无法应对的任务，即所谓的"最近学习区"，来促进个人能力发展。维果茨基提出的最近发展区概念，指出学习者在成人或同伴的帮助下可以达到的潜在水平。通过设定SMART目标，学习者可以更有效地定位自己的最近学习区。研究显示，当学生的目标是具体且具有挑战时，他们的学习效果比那些目标设定模糊或过于简单的学生好很多。因此，学习者应当通过自我评估，结合自身的能力和兴趣，制订出既能够激发潜能又不至于造成过度压力的学习目标，从而在最近学习区中实现持续进步。

（二）制订有效的学习计划

在能力边界圈上制订有效的学习计划，首先需要明确个人的当前能力水平和学习目标之间的差距。根据最近学习区理论，学习者应当在现有能力的边缘上设定目标，既不能过于简单，也不能过于困难，以确保学习目标既具有挑战性又能够实现。研究显示，当学习目标的难度与学习者能力的匹配度在85%左右时，学习者的学习效率最高。因此，学习计划的制订应基于对个人能力边界圈的准确评估，确保任务难度适中，既能够激发学习者的潜能，又不至于造成过度的压力。

有效的学习计划还应包括具体、可操作的学习步骤和时间管理策略。例如，采用SMART原则来设定目标，确保每个学习阶段都有明确的里程碑。此外，学习者可以借鉴番茄工作法来建立学习与休息的合理循环，这样的循环有助于保持学习者注意力的集中和学习效率的提升。案例分析表明，通过这种方法，学习者能够在保持专注的同时，有效避免疲劳和拖延。

在制订学习计划时，还应考虑到学习资源的整合和利用。学习者可以利用网络资源、图书馆、学习小组等多种渠道来丰富学习内容和形式。例如，通过在线课程和教育平台，学习者可以接触到最新的知识和不同的观点，这有助于拓宽视野并促进批判性思维的发展。同时，学习者应定期回顾和评估学习计划的执行情况，根据反馈调整学习策略，确保学习计划始终与个人的最近学习区保持一致。

五、具体方法：做难题的技巧与策略

（一）分析难题的关键要素

在最近学习区理论的指导下，分析难题的关键要素是实现认知发展和提升解决问题能力的重要步骤。这一过程要求我们首先识别问题的本质，区分哪些是核心问题，哪些是次要问题。例如，在数学问题解决中，核心问题可能是理解一个复杂的几何定理，而次要问题可能是套用公式进行计算。通过将问题分解为若干个可管理的部分，我们可以更有效地集中精力解决核心问题。只有深刻理解了问题的结构和关键要素，我们才能在最近学习区中有效地挑战难题。

（二）制订个性化的解题计划

在最近学习区理论的指导下，制订个性化的解题计划是提升解决问题能力的关键步骤。首先，了解个人的能力边界圈是基础，这需要通过自我评估和反馈来识别。例如，通过测试和实际操作，可以确定自己在特定领域的熟练程度和知识盲点。一旦明确了能力边界圈，就可以根据最近学习区理论，设定略高

于当前能力水平的目标，从而激发潜能并促进认知发展。例如，一个学生在数学问题解决方面的能力边界圈是解决中等难度的代数问题，那么他应该设定的目标是解决一些高等代数问题，而不是重复练习已经掌握的中等难度问题。

个性化解题计划的制订还应考虑个人的学习风格和偏好。例如，根据VARK模型（视觉、听觉、阅读/写作、动手操作），学生可以识别自己更倾向于哪种学习方式，并据此选择或设计适合自己的学习材料和活动。此外，利用思维导图和概念图等工具可以帮助学生在面对复杂问题时，清晰地组织和连接知识点，从而制订出更为有效的解题策略。例如，一个学生在准备科学项目时，可以使用思维导图来梳理实验步骤、关键变量和预期结果，确保实验能够有条不紊地进行。

在制订解题计划时，还应考虑时间管理和情绪调节的重要性。根据德韦克的成长心态理论，面对挑战时保持积极的心理，相信自己的能力是可以通过努力而提升的，这对于克服学习中的障碍至关重要。因此，个性化解题计划中应包含定期的自我反思和调整环节，以确保学习者能够根据自己的进步和遇到的困难，及时调整学习策略。例如，一个学生在学习编程时，如果发现某个概念难以掌握，他可以先退回到更基础的知识点进行复习，然后再逐步尝试解决更难的问题。

（三）利用已有知识构建解题框架

在探索最近学习区理论的实践中，构建解题框架是至关重要的一步。这一框架的构建需要我们充分利用已有的知识储备，将理论与实践相结合，形成一个系统化的思考模式。例如，在面对一个复杂的数学问题时，我们首先需要回顾相关的数学原理和公式，然后通过案例分析来理解这些原理在实际问题中的应用。因此，我们还需要不断地挑战自我，通过创新思维来突破传统的解题方法，从而在能力边界圈上实现认知的进步。

（四）实施逐步逼近的解题策略

在最近学习区理论的指导下，实施逐步逼近的解题策略要求我们首先对难题进行细致的分析，识别出问题的核心要素。例如，在解决一个复杂的数学问题时，我们可以通过将问题分解为若干个较小的、更易管理的部分来开始。这种分解过程类似于计算机科学中的"分而治之"策略，它允许我们集中精力逐一攻克每个子问题，从而逐步构建起对整个问题的理解。研究显示，当学生在老师的指导下，通过逐步逼近的方式解决数学问题时，他们的解题能力显著提高。通过这种方法，学生不仅学会了如何解决特定的问题，还学会了如何将这种策略应用到其他类似的问题上，从而实现知识的迁移和深化。

（五）反思与总结

在最近学习区理论的指导下，反思与总结解题过程中的经验教训是提升个人能力的关键步骤。通过深入分析，我们可以发现，成功解决难题的个人往往在反思阶段展现出对策略和方法的深刻理解。研究显示，那些在解题后进行详尽反思的学生，在后续遇到类似问题时，其解题效率和准确性都有显著提升。在反思过程中，学生不仅需要回顾解题步骤，更能深入挖掘解题策略背后的原理，以及在哪些环节可以进行优化。例如，通过应用思维导图和概念图，学生能够清晰地看到知识之间的联系，从而在反思中发现新的学习路径和解题方法。那些能够从失败中汲取教训，并将其转化为经验的学生，往往在能力边界圈上取得了更大的进步。因此，学生应在每次解题后进行系统的反思，以促进自身在最近学习区中的持续成长。

（六）应用思维导图和概念图

在最近学习区理论的实践中，应用思维导图和概念图是至关重要的，它们能够帮助学习者清晰地识别和组织知识结构，从而更有效地挑战难题。思维导图通过视觉化的方式，将复杂的信息和概念以树状图的形式展现出来，使学习者能够一目了然地看到知识之间的联系和层次。研究显示，使用思维导图的学生在理解复杂概念和记忆信息方面比使用传统笔记方法的学生表现得更好。概念图则进一步细化了思维导图，通过定义概念之间的关系，帮助学习者构建起更为精确的知识框架。在解决具体问题时，学习者可以利用这些工具来分析难题的关键要素，制订个性化的解题计划，并逐步解决问题。例如，通过概念图，学生可以明确地看到问题的各个组成部分，以及它们是如何相互作用的，从而制订出更为有效的解题策略。此外，思维导图和概念图的使用还能够促进学习者的反思与总结，通过回顾解题过程中的经验教训，学习者能够不断调整和优化自己的学习方法，实现持续进步。

六、面对挑战：克服学习中的障碍

（一）识别并应对学习中的心理障碍

在能力边界圈上挑战难题的过程中，学习者不可避免地会遇到心理障碍，这些障碍可能源自对失败的恐惧、自我怀疑、焦虑或动力不足。根据最近学习区理论，学习者应当在略高于当前能力水平的区域进行学习，以促进认知发展和技能提升。然而，心理障碍往往会阻碍学习者进入这一区域，导致他们停留在舒适区内，无法实现成长。一项针对大学生的研究显示，约有60%的学生在面对困难任务时会感到焦虑，这种情绪反应会显著降低他们的学习效率和问题解决能力。

为了识别并应对这些心理障碍，学习者可以采用多种策略。首先，通过自我反思和自我监控，学习者可以意识到自己的情绪和思维模式，从而采取措施进行调整。例如，使用情绪日记记录自己在学习过程中的情绪变化，然后通过认知重构技术来改变消极的思维模式。其次，学习者可以利用社会支持系统，如学习小组或导师指导，来获得鼓励和反馈，从而增强自信和减少孤独感。此外，设定具体、可衡量的学习目标，并将大目标分解为小步骤，可以帮助学习者逐步克服心理障碍，逐步增强解决问题的能力。

德韦克在成长心态理论中指出，持成长心态的人相信自己的能力是可以通过努力和学习来提升的。这种心态有助于学习者面对挑战时保持积极心理，将失败视为成长的机会。因此，教育者在引导学习者进入最近学习区时，应鼓励学习者发展成长心态，帮助他们认识到心理障碍在成长过程中很正常，并通过适当的策略来克服这些障碍。

（二）管理时间和情绪的策略

在最近学习区理论的实践中，管理时间和情绪是至关重要的。有效的时间管理策略能够帮助学习者在面对挑战时保持专注。此外，情绪管理同样关键，因为情绪波动会影响学习者的认知资源分配。戈尔曼的情绪智力理论强调了自我意识、自我管理、社会意识和关系管理的重要性。学习者可以通过冥想正念练习和写情绪日记来提高自我意识和自我管理能力。一项针对大学生的研究显示，定期进行正念练习的学生在压力管理和学习效率上都有显著提升。教育者在引导学习者进入最近学习区时，也应教授这些时间管理和情绪调节的策略，以帮助学习者更好地适应挑战，从而在能力边界圈上实现持续进步。

七、持续进步：在最近学习区中成长

（一）建立持续学习的习惯

在最近学习区理论的指导下，建立持续学习的习惯要求我们不断地挑战自我，探索那些略高于当前能力水平的任务。正如维果茨基所强调的最近发展区概念，学习者应当在成人或更有能力的同伴的帮助下，通过适当引导，完成那些原本无法独立完成的任务。一项针对成人学习者的研究表明，那些在工作中主动寻求挑战性任务的个人，其职业成长速度比那些避免挑战的同事快30%。因此，持续学习的习惯建立在不断寻求并克服这些挑战的基础上，通过实践策略如设定合理的学习目标和制订有效的学习计划，学习者可以逐步扩展自己的能力边界圈。

（二）评估和调整学习方法

在最近学习区理论的实践中，评估和调整学习方法是至关重要的环节。有效的学习方法能够帮助学习者更准确地定位自己的能力边界圈，并在这一边界圈上进行有效的学习。例如，通过定期的自我评估，学习者可以收集关于自己学习进度和理解深度的数据，从而识别出哪些领域需要更多的关注和努力。根据这些数据，学习者可以调整学习计划，比如增加针对难题的练习时间，或者寻求外部资源如导师的指导。此外，案例分析显示，那些能够根据反馈及时调整学习策略的学习者，往往能够更快地从失败中恢复并取得进步。

八、教育者如何引导学生进入最近学习区

（一）引导学生认识最近学习区的概念

为了引导学生认识并进入自己的最近学习区，教育者首先需要通过观察和评估来确定学生当前的能力水平以及他们能否独立完成任务。例如，通过标准化测试或日常表现，老师可以识别学生在特定学科上的知识和技能差距。随后，老师可以设计一系列挑战性任务，这些任务既不会让学生感到过于困难而产生挫败感，也不会因过于简单而失去学习的兴趣。研究显示，当学生在阅读理解任务中被给予适当难度的文本时，他们的理解能力得到了显著提升。教育者可以利用维果茨基的"更进一步"原则，即为学生设立在成人或同伴的帮助下可以完成的任务，确保学生在最近学习区中不断进步。

（二）设计适合学生能力边界圈的教学活动

在设计适合学生能力边界圈的教学活动时，老师应首先对学生进行细致地评估，以确定每个学生的最近学习区。例如，通过观察学生在特定任务中的表现，老师可以收集数据来分析学生的能力水平。老师可以设计一系列递增难度的任务，引导学生逐步提升解决问题的能力。

（三）创造支持学生自主探索的学习环境

教育者需要设计开放性问题，这些问题不应当只有唯一的正确答案，而应鼓励学生从不同的角度去思考，寻找多种可能的解决方案。这种类型的问题是培养学生批判性思维和创造性思维的重要工具，它们能够引导学生深入探究，而不是仅仅停留在表面的记忆和重复上。

探究学习是自主探索的核心。通过项目式学习、实验和实地考察等活动，学生可以在实践中学习，通过亲身体验来构建知识。这种学习方式使学生能够将理论知识与现实世界联系起来，增强他们的学习动机，并提高他们的学习参与度和对学习的兴趣。

创设互动学习空间也是至关重要的。灵活的学习空间，如学习角、创客空间等，可以让学生自由地讨论、合作和创造。这些空间应该配备必要的工具和资源，鼓励学生动手实践，将想法转化为实际的产品或解决方案。

提供多样化的学习资源是满足不同学生需求的关键。图书、在线课程、数据库和实验材料等资源可以为学生提供广泛的知识来源，帮助他们根据自己的兴趣和学习风格进行学习。这种资源的多样性也有助于学生发展信息素养，学会如何从大量的信息中筛选和评估有价值的知识。

老师应该创造一个环境，让学生不害怕犯错，而是将错误视为学习和进步的机会。在这样的环境中，学生更有可能认识到错误，并采取改进行动。

（四）利用反馈帮助学生调整学习策略

在教育过程中，反馈不仅是评价学生学习成果的一种方式，更是一个强有力的工具，帮助学生识别自己的学习优势和劣势，并据此调整学习策略以提升学习效率。以下是对如何利用反馈帮助学生调整学习策略的详细阐述：

反馈应当具有建设性，旨在帮助学生了解自己的学习进展和存在的问题，而不是单纯地评价。当学生明白反馈的目的是促进他们的学习和发展时，他们更有可能接受并积极利用这些反馈。老师应该强调反馈是一个双向的过程，学生不仅可以从老师那里获得反馈，也可以向老师反馈他们对自己学习过程的看法。

及时提供反馈是确保反馈信息有效性的另一个关键因素。老师应在学生完成作业或测试后尽快提供反馈，这样学生才能在记忆犹新时对所学内容进行修正和加强。这种及时性有助于学生立即理解并吸收反馈信息，从而更快地改进他们的学习策略。

具体和详细的反馈能够帮助学生准确地识别问题所在。例如，如果学生在数学测试中表现不佳，老师不应仅仅告诉他们总分，而应具体指出哪些类型的题目学生答错了，以及这些错误背后可能的概念理解问题。这种具体的反馈使得学生能够有针对性地复习和加强特定的知识点，而不是无目的地全面复习。

鼓励学生进行自我评估也是提供反馈的一个重要方面。老师可以鼓励学生在完成任务后进行自我评估，让学生自己先给出反馈。这种方法不仅能够提高学生的自我反思能力，还能够让他们学会如何从自己的错误中学习。通过自我评估，学生可以更加主动地参与到学习过程中。

提供行动指导是反馈中不可或缺的一部分。当老师在反馈中指出学生的问题时，也应该提供明确的改进建议。比如，学生在某个数学概念上理解有误，老师可以建议他们复习特定的教材或观看相关的教学视频。这种行动指导可以帮助学生明确接下来应该采取哪些具体措施来提升学习效率。

强调成长心态在提供反馈时同样重要。老师应该鼓励学生相信，通过努力和适当的策略，他们能够克服学习中的困难。这种心态有助于学生以更积极的态度来面对挑战和失败。

利用反馈帮助学生调整学习策略是一个复杂但极其有效的过程。它涉及及时性、具体性、自我评估、行动指导、成长心态、个性化反馈、目标设定、支持性环境、进度跟踪、技术利用和同伴反馈等多个方面。通过这些方法，反馈成为一个动态的、互动的过程，它不仅帮助学生识别问题，还提供了解决问题的工具和策略。这种基于反馈的学习策略调整，能够促进学生的自主学习能力提升并改善学习效果，最终帮助他们成为终身学习者，以迎接未来的挑战。

（五）培养学生面对挑战的积极心理

为了培养学生的积极心理，教育者可以采用多种策略。首先，通过为学生设定合理的学习目标和制订有效的学习计划，可以帮助学生逐步接近自己的能力边界圈，在实现小目标的过程中积累成功的经验。其次，通过具体方法如协助学生分析难题的关键要素、制订个性化的解题计划以及利用已有知识构建解题框架，能够帮助学生更加自信地面对挑战。此外，协助学生实施逐步逼近的解题策略和反思总结解题过程中的经验教训，能够帮助学生在面对挑战时保持清晰的思路和积极的态度。

案例显示，那些成功在最近学习区学习的学生往往具备一种共同的策略：他们将挑战视为成长的催化剂。例如，一位学生在学习数学时遇到了难以理解的概念，通过与同学合作讨论和寻求老师的额外帮助，他不仅克服了难题，还在此过程中培养了团队合作和沟通能力。这种积极面对挑战的心态，不仅帮助学生取得进步，也为其未来的职业生涯和社会生活打下了坚实的基础。

面对挑战时，学生可能会遇到心理障碍，如焦虑和恐惧失败。教育者应当引导学生识别并应对这些心理障碍，例如通过教授压力管理技巧和时间管理策略，帮助学生更好地控制情绪和时间，从而在面对挑战时保持冷静和专注。此外，教育者可以通过协助学生建立持续学习的习惯和评估调整学习的方法，让学生持续进步，不断在最近学习区中成长，最终形成勇于面对挑战的积极心理。

第十四章　总结法：
深化知识理解与应用的策略

一、什么是总结法

（一）总结法在认知过程中的作用

掌握总结法是深化知识理解与应用的关键策略之一，它在认知过程中扮演着至关重要的角色。认知心理学家认为，总结法能够帮助学习者通过主动加工信息，将新知识与已有知识框架相融合，从而促进知识的内化和长期记忆的形成。根据艾宾浩斯遗忘曲线理论，信息在学习后会迅速遗忘，但通过有效地总结，可以巩固记忆，延长信息在大脑中的保留时间。一项研究显示，学习者在阅读后进行总结，其记忆保持率可提高60%以上，而未进行总结的学习者记忆保持率则不足40%。此外，总结法还能够培养学习者的逻辑思维和批判性思维。通过总结，学习者能够对所学知识进行深入思考，从而在认知过程中形成更深层次的理解。

（二）总结法与学习策略的关系

掌握总结法也是深化知识理解与应用的关键策略之一。在认知过程中，总结法通过提炼信息的核心概念，帮助学习者构建知识框架，从而提升学习效率。例如，根据布鲁姆的教育目标分类学，学习者通过总结法能够从记忆、理解、应用、分析、评价到创造，逐步深化对知识的掌握。一项针对大学生的研究表明，那些在学习过程中频繁使用总结法的学生，其考试成绩普遍高于不使用总结法的学生。总结法不仅促进了知识的内化，还加强了学习记忆，因为通过主动回顾和重构知识，学习者能够更好地将新信息与已有知识网络相连接。此外，总结法培养了逻辑思维和批判性思维，使学习者能够从不同角度审视问题，从而在知识的迁移和创新上取得突破。

（三）总结法在学习中的重要性

1.提升学习效率的关键因素

掌握总结法是提升学习效率的关键因素。通过有效地总结，学习者能够将大量信息压缩成核心概念，从而减少认知负荷，提高信息处理速度。例如，根据艾宾浩斯遗忘曲线理论，信息遗忘的速度在刚学习后最快，而通过总结可以巩固记忆，延长信息在记忆中的保留时间。一项针对大学生的研究表明，那些在学习后进行总结的学生，其考试成绩平均提高了30%。此外，总结法还能够帮助学习者识别知识间的联系，形成结构化的知识体系，这在费曼学习法中得到了体现，即通过教授他人来加深自己对知识的理解。因此，总结法不仅是一种学习策略，更是一种深化知识理解与应用的有效工具。

2.促进知识内化的有效途径

总结法通过系统化地整理和提炼信息，帮助学习者将新知识与已有知识框架相融合，从而促进知识的内化。在实践中，我们可以采用康奈尔笔记法，将笔记分为关键词、笔记内容和总结三个部分。通过这种方式，学习者在复习时能够迅速抓住重点，加强记忆。总结法的应用，结合了认知心理学的原理和实际操作技巧，为学习者提供了一条高效的知识内化之路。

3.加强学习记忆的重要工具

总结法是加强学习记忆的重要工具，它通过系统化地整理和回顾信息，帮助学习者巩固知识点，提升记忆的持久性。心理学家艾宾浩斯的记忆遗忘曲线揭示了信息随时间的推移而遗忘的规律，而定期的总结复习正是对抗这一自然遗忘过程的有效手段。通过总结，学习者能够将新信息与已有知识框架相融合，形成更为稳固的记忆结构。在实践中，如使用思维导图进行总结，不仅能够清晰地展示知识间的逻辑关系，还能通过视觉化的方式加深记忆。此外，总结法还鼓励学习者主动思考，通过提问和自我解释来加深对材料的理解，从而提高记忆的深度和广度。正如布鲁纳所言："学习的最好方式是通过发现。"总结法正是通过发现和整合知识，使学习者实现知识的内化和应用。

4.培养逻辑思维和批判性思维的基础

掌握总结法是深化知识理解与应用的重要策略，尤其在培养逻辑思维和批判性思维方面，它提供了坚实的基础。逻辑思维要求我们能够清晰地组织和分析信息，而总结法正是通过信息的收集、整理、提炼和呈现，帮助我们构建起知识的框架。例如，通过总结法，我们可以将大量的数据和案例进行归纳，形成具有逻辑性的论断。在这一过程中，我们不仅学会了如何有效地识别关键信息，还能够运用分析模型，如SWOT分析模型来评估和决策。正如爱因斯坦所说："不是我聪明，而是我对问题思考得更久。"总结法要求我们对问题进行深入思考，这正是批判性思维的体现。它鼓励我们质疑现有的信息，不断寻求更深层次的理解，从而在学习和工作中做出更为明智的判断。

5.促进知识迁移和创新能力的发展

掌握总结法是深化知识理解与应用的关键策略，它在促进知识迁移和创新能力的发展中扮演着重要角色。通过总结法，学习者能够将分散的知识点整合为系统的知识结构，从而促进知识的内化和长期记忆。心理学家艾宾浩斯的遗忘曲线理论指出，通过定期复习和总结，信息的遗忘速度会显著减慢，这为知识迁移提供了稳固的基础。在实际应用中，总结法能够帮助学习者识别不同学科或领域间的共通原理。如在对不同学科的学习中，通过总结法提炼出的核心概念和方法论，可以跨越学科界限，实现知识的灵活运用和创新。此外，总结法还能够促进批判性思维的发展，通过分析和评估信息，学习者能够对现有知识进行质疑和重构，从而在旧知识的基础上创造出新的知识。正如爱因斯坦所说："想象力比知识更重要，因为知识是有限的，想象力概括着世界的一切，推动着进步，并且是知识进化的源泉。"总结法正是激发想象力和创新能力的重要方式。

二、总结法的基本步骤

（一）信息收集

在总结法中，信息收集是构建知识体系的基石。有效的信息收集策略不仅能够帮助我们获取更广泛、更深入的学习材料，而且能够确保这些材料的质量和相关性。例如，通过使用科学的关键词搜索技巧，我们可以从互联网上筛选出大量高质量的学术论文和专业书籍，这些资源往往包含了最新的研究成果和深入的理论分析。根据统计，一个专业的研究者平均每天需要阅读和分析约100篇文献，以保持在其研究领域的前沿性。因此，掌握如何快速而准确地从海量信息中提取关键数据和观点，对于提升学习效率至关重要。

此外，信息收集的途径也应当多样化，以适应不同学习阶段和不同学科的需求。例如，在文科类学习中，除了传统的书籍和学术论文，还可以通过参与研讨会、访谈专家，以及利用图书馆的档案资料来收集信息。而在理科类学习中，实验数据、科学模型和案例研究则显得尤为重要。通过这些途径收集到的信息，能够帮助学习者构建起更为全面和立体的知识框架。深入而广泛的信息收集，正是我们对问题进行深入思考的前提。

在信息收集的过程中，我们还应当注意信息的时效性和准确性。例如，利用数据库和学术期刊的"最新更新"功能，可以确保我们获取的信息是最新的，这对于了解当前的学术趋势和科技发展至关重要。同时，通过比较不同来源的信息，我们可以验证信息的可靠性，避免因单一来源而导致的偏见或错误而影响总结的质量。

总之，信息收集是总结法中不可或缺的一环，它直接关系到我们能否有效地深化知识理解与应用。

（二）信息整理

信息整理是总结法的核心要素之一。有效的信息整理不仅能够帮助我们从繁杂的数据中提炼出关键信息，还能促进我们对知识的深入理解和应用。例如，在处理大量文献时，采用归纳法可以将相似的观点和数据归类，从而形成清晰的知识结构。此外，借助SWOT分析模型，我们可以将信息按照优势、劣势、机会和威胁进行分类，这不仅有助于我们对信息进行系统化整理，还能在决策过程中提供有力支持。通过简化和提炼信息，我们能够更好地掌握复杂概念，并将其应用于解决实际问题。

（三）关键点识别与提取

在总结法中，关键点的识别与提取是深化知识理解与应用的核心。这一技巧要求学习者从大量的信息中筛选出核心概念和重要细节，从而构建起知识框架。例如，在历史学习中，通过对历史事件的背景、经过和结果的分析，可以提取出关键事件和转折点，形成对历史发展的深刻理解。在数学学习中，通过识别定理和公式的前提条件和结论，可以更好地掌握数学逻辑和解题方法。此外，使用SWOT分析模型可以帮助学生识别企业内部的优势、劣势，外部的机会和威胁，从而在商业策略制订中抓住核心要素。总结法通过推动对关键点的深入思考和准确提取，帮助学习者提升学习效率并促进其知识内化。

（四）核心概念的提炼与应用

在总结法中，对核心概念的提炼与应用，是深化知识理解与应用的关键策略之一。在认知过程中，总结法通过筛选、整合和重构信息，帮助学习者将新知识与已有知识体系相融合，从而提升学习效率。根据艾宾浩斯遗忘曲线理论，通过定期复习和总结，可以显著提高记忆的保持率。在实践中，有效归纳信息的策略要求学习者不仅要关注信息的量，更要注重信息的质，如通过案例学习，将理论与实践相结合，从而加深对核心概念的理解。此外，创造性地应用总结法，如利用思维导图工具，可以促进信息的视觉化整合，加强学习者的逻辑思维和批判性思维能力。总结法帮助学习者在不同学科领域中，将知识内化并应用于解决实际问题。

（五）总结成果的呈现与反馈

在总结法中，呈现与反馈是至关重要的环节。有效地总结成果不仅需要清晰地表达出核心概念和关键信息，还应当通过反馈机制来不断优化和调整。例如，在商业分析中，使用SWOT分析模型来总结项目或企业的状况，可以清晰地展示出企业内外部因素的相互作用。通过收集同事或客户的反馈，可以进一步细化分析，确保总结的准确性和实用性。在总结成果的呈现与反馈中，持续地思考和改进是提升总结质量的关键。

三、实践总结法的技巧

（一）实践有效归纳信息的策略

在实践总结法的过程中，实践有效归纳信息的策略是至关重要的。有效归纳信息不仅要求我们从大量资料中筛选出关键点，还要求我们能够将这些信息进行逻辑性的整合，形成结构化的知识体系。例如，在处理学术论文时，研究者通常会使用归纳法来提炼出研究的核心发现和理论贡献。根据统计，一篇典型的学术论文可能包含多达数百个参考文献，而归纳总结的过程就是从中提取出几个关键论点，以支撑作者的论点或结论。在实践中，有效归纳信息的策略包括但不限于：使用思维导图来可视化信息结构，利用SWOT分析模型来评估项目的优势、劣势、机会和威胁，以及引用名人名言来强化论点的说服力。

（二）利用思维导图提升信息整合与知识总结效率

思维导图作为一种强大的视觉化工具，能够显著提升信息整合与知识总结的效率。通过将复杂的信息结构化，思维导图帮助学习者清晰地识别和连接关键概念，从而加深对材料的理解。一项研究显示，使用思维导图的学生在记忆和理解新信息方面比那些不使用的学生高出30%。思维导图的中心思想是将主题置于中心，然后通过分支延伸出相关的子主题和细节，这种层次分明的布局使得信息的逻辑关系一目了然。此外，思维导图的非线性结构鼓励学习者以非传统的方式思考，这有助于培养创新思维和批判性思维。思维导图正是提供了一个更高层次的思考平台，使学习者能够超越传统线性笔记的局限，以更全面和深入的方式掌握知识。

（三）通过案例学习深化总结技巧

通过案例学习深化总结技巧是至关重要的。案例学习不仅能够提供实际情境中的应用实例，而且有助于学习者将理论知识与实践相结合，从而加深对知识的理解。例如，在商业管理领域，通过分析苹果公司如何从一个小型电脑制造商成长为全球科技巨头的案例，学习者可以总结出创新、品牌建设和市场定位等关键因素。这种分析不仅能帮助学习者理解商业策略的复杂性，而且能够提炼出可应用于其他情境的普遍原则。

在教育学中，案例研究法被广泛应用于教学实践。比如，通过研究"蒙台梭利教育法"在不同国家和文化背景下的实施案例，老师可以总结出该教育法在促进儿童自主学习和创造力发展方面的有效策略。通过对比分析不同案例中的成功与挑战，老师能够更好地调整和优化自己的教学方法。

（四）创造性应用总结法以增强理解

创造性地应用总结法，不仅能够加深对知识的理解，还能促进知识的创新应用。例如，在学习经济学原理时，学生可以通过构建案例分析模型，将抽象的经济理论与现实世界的具体情况相结合。比如，利用供需模型来分析当前市场上的某一商品价格波动，通过收集相关数据，整理出价格与供需量之间的关系，并识别出影响供需的关键因素。在此基础上，学生可以进一步提炼出核心概念，如"市场均衡"和"价格弹性"，并尝试将这些概念应用到新的情境中，以检验其普适性。这种实践不仅加深了学生对经济学原理的理解，还培养了学生的逻辑思维和批判性思维能力。通过创造性地应用总结法，学生能够超越单纯的记忆和重复，将知识转化为创新思维的源泉。

（五）结合多媒体工具进行信息整合与总结

在当今信息爆炸的时代，多媒体工具已成为信息整合与总结的重要手段。例如，使用思维导图软件可以帮助学习者以图形化的方式组织和呈现信息，从而更直观地理解复杂概念之间的联系。根据一项研究，使用思维导图的学生在学习效率和记忆保持方面比使用传统笔记方法的学生高出30%。此外，视频和音频工具能够提供动态的学习体验。通过观看教育视频或听有声书，学习者可以加深对材料的理解。例如，观看TED演讲等教育视频。视觉和听觉的双重刺激，可以帮助学习者更好地吸收和记忆信息。在总结法的实践中，多媒体工具的介入不仅能够提升信息的整合效率，还能增强学习者的参与感和兴趣，从而促进知识的内化和应用。

（六）如何有效归纳信息

有效归纳信息是掌握总结法的核心，它要求我们从大量的信息中提炼出关键点，并将这些点整合成易于理解和记忆的形式。例如，在处理学术论文时，研究者通常会使用归纳法来提炼出文章的主旨和论点。根据一项研究，有效的信息归纳可以将阅读时间缩短40%，同时提高理解和记忆的效率。在实践中，我们可以采用"5W1H模型"（即Who，What，When，Where，Why，How）来系统地归纳信息，确保不遗漏任何重要细节。通过将复杂的信息简化为基本要素，我们不仅能够更好地理解内容，还能在需要时更容易地归纳。

四、总结法在不同学科中的应用

（一）总结法在文科类学习中的应用

在文科类学习中，总结法是深化知识理解与应用的关键策略之一。例如，在历史学习中，通过构建时间线来总结重大事件的先后顺序和因果关系，不仅有助于记忆，还能培养学生的逻辑思维能力。比如，通过分析法国大革命的起因、经过和结果，学生可以总结出革命爆发的社会、经济和政治因素，从而对历史事件有更深刻的理解。此外，对文学作品的分析也离不开总结法。在阅读《哈姆雷特》时，学生可以通过总结人物性格、情节发展和主题思想，来深入探讨莎士比亚对人性的深刻洞察。引用亚里士多德的话，"悲剧是对一个严肃、完整、有一定长度的行动的模仿"，学生可以将这一理论应用于对《哈姆雷特》的总结中，从而更好地理解悲剧的构成和影响。在政治学领域，通过总结不同政治理论和案例，学生能够掌握政治理论的精髓，并将其应用于现实世界的政治分析中。例如，通过总结自由主义和保守主义的核心观点，学生可以更好地理解当前政治辩论中的立场和论点。

总之，文科类学习中的总结法不仅提升了学生的学习效率，而且促进了知识的内化和记忆，为他们培养批判性思维和创造性思维奠定了坚实的基础。

（二）总结法在理科类学习中的应用

在理科类学习中，总结法是深化知识理解与应用的关键。例如，在学习物理学时，学生需要掌握复杂的公式和理论。通过总结法，学生可以将这些公式和理论归纳为几个核心概念，如牛顿的三大运动定律，以及能量守恒定律等。这些核心概念的提炼，不仅帮助学生在考试中快速回忆起关键信息，而且在解决实际问题时，能够迅速应用这些定律。例如，当学生面对一个斜面上物体的运动问题时，他们可以迅速调用牛顿第二定律来分析力的平衡，从而得出加速度的大小。

在化学学习中，总结法同样重要。化学反应的原理、元素周期表的规律性以及化合物的性质等，都需要通过总结来加深记忆和理解。例如，通过总结酸碱反应的规律，学生可以更好地理解pH值的概念，并在实验中准确预测酸碱反应的方向。此外，利用思维导图等工具，可以帮助学生将复杂的化学反应过程和分子结构以图形化的方式展现出来，从而更直观地掌握和记忆。

在数学学习中，总结法的应用则体现在对公式的理解和应用上。例如，微积分中的导数和积分概念，学生需要通过大量的练习来掌握其计算方法和应用情境。通过总结，学生可以将这些数学工具归纳为几个关键组成部分，如求导数时的链式法则、乘积法则等，以及积分时的换元积分法和分部积分法。这种总结不仅有助于学生在考试中迅速找到解题的切入点，而且在解决实际问题时，能够灵活运用这些数学工具。

总结法在理科类学习中的应用，不仅限于对知识点的归纳和记忆，更重要的是培养学生的逻辑思维和批判性思维。通过总结，学生能够将所学知识串联起来，形成系统的知识结构，从而在面对新问题时，能够运用已有的知识框架进行分析和解决。这种能力的培养，对于学生未来在科学领域的深入研究和创新具有不可估量的价值。

五、总结法的常见误区与解决策略

（一）避免掉入过度简化信息的陷阱

在掌握总结法的过程中，避免掉入过度简化信息的陷阱至关重要。过度简化信息往往会导致对复杂概念的误解和对知识的片面理解。例如，在处理文科类学习材料时，若仅将历史事件简化为"好人"与"坏人"的对立，就忽略了历史的复杂性和多维性。这种简化不仅削弱了对历史背景和深层次原因的分析，也阻碍了批判性思维的发展。在理科领域，如生物学中，若将复杂的生态系统简化为单一的因果关系，就可能忽视生态平衡的动态性和多样性。因此，总结法要求我们在归纳信息时，必须深入挖掘数据背后的模式和联系，而不是仅仅停留在表面。正如爱因斯坦所言："任何事物都应该尽可能简单，但不能过于简单。"这句名言提醒我们在应用总结法时，要追求简洁明了的表达，同时保持对信息深度和广度的尊重。

（二）如何克服总结过程中的拖延问题

在掌握总结法的过程中，拖延问题是一个常见的障碍，它会严重影响学习效率和知识的内化。克服拖延，首先需要理解其背后的心理机制。根据斯蒂尔的拖延理论模型，要克服拖延，可以采取以下策略：首先，将总结任务分解为小步骤，每完成一小步就给予自己即时的奖励，这有助于提高完成任务的即时奖励感。其次，设定明确的截止日期，并在日程表上为总结任务预留固定的时间段，以增强对任务的期望和责任感。此外，利用思维导图等工具可以帮助清晰地展示信息结构，减少认知负荷，从而降低任务难度感。案例研究表明，那些能够有效利用思维导图进行信息整合的学生，往往能更快地完成总结任务，并且总结的质量也更高。最后，培养自我监控能力，定期回顾总结进度，及时调整策略，可以有效避免拖延行为的发生。通过上述策略，我们可以有效地克服拖延问题，提高总结法的实践效率。

六、总结法的持续改进与评估

（一）定期回顾与总结法的优化

在深化知识理解与应用的策略中，定期回顾与总结法的优化是提升学习效率和知识内化的重要环节。通过定期回顾，学习者能够巩固记忆，避免遗忘曲线的负面影响。艾宾浩斯遗忘曲线指出，信息遗忘的速度在刚学习完后最快，但通过适时的复习，可以显著提高记忆的保持率。因此，学习者应根据个人的记忆周期，制订合理的复习计划，如每隔一天、一周或一个月进行一次回顾，以强化记忆和理解。此外，优化总结法的过程应包括对学习内容的深入分析和反思。例如，采用费曼学习法，即以教授他人的方式回顾知识，这不仅能够检验学习者对知识的掌握程度，还能促进对知识的深层次理解。案例研究显示，那些能够将复杂概念简化并以清晰语言教授他人的学习者，往往对材料有更深刻的理解。因此，定期回顾与总结法的优化，不仅需要时间的投入，更需要策略和技巧的应用，以实现知识的长期存储和灵活应用。

（二）如何评估总结法的效果与效率

评估总结法的效果与效率是深化知识理解与应用的关键环节。在实践中，可以通过多种方式来衡量总结法的成效。首先，数据分析是评估的重要手段。例如，通过对比使用总结法前后学习者在测试中的成绩变化，可以直观地看到总结法对学习效率的提升作用。其次，案例研究能够提供深入的洞见，通过分析不同学习者使用总结法的案例，可以发现哪些策略和技巧更为有效。此外，采用适当的分析模型，如布鲁姆的认知领域分类模型，可以帮助学习者更细致地评估总结法在知识内化和记忆加强方面的具体效果。因此，评估总结法的效果与效率，不仅需要定量的数据支持，还需要定性的分析和反思，以确保总结法在不同学习场景中的最佳应用。

第十五章　程序性技能：
快速习得的最优策略

在当今这个日新月异的时代，技术的飞速发展和社会的不断进步带来了前所未有的挑战和机遇。个人发展不再局限于传统的教育模式，而是要求我们具备快速学习新技能的能力，以适应不断变化的工作环境和市场需求。无论是在校学生，还是职场中的专业人士，都需要不断地更新自己的知识库和技能，以保持个人的竞争力和市场价值。

在全球化的背景下，知识和信息的更新速度前所未有。过去，一个人可能依靠在学校学到的知识工作一生，而现在，这种模式已经不再适用。据统计，现在的大学毕业生在职业生涯中可能会转换多个工作，甚至改变职业方向。这意味着，他们必须具备快速学习新技能的能力，以适应新的工作环境和职业要求。

职场人士同样面临挑战。随着技术的发展，许多传统岗位正在消失，而新的岗位和职业路径正在出现。例如，数据科学、人工智能、可持续能源等领域的专业人士需求量激增。这些新兴领域要求专业人士不仅要有深厚的专业知识，还要有快速学习和适应新技术的能力。

尽管学习新技能至关重要，但这个过程并不总是顺利的。许多人在尝试学习新技能时会遇到各种障碍，包括时间不足、缺乏资源、学习方法不当等。此外，成人学习者往往需要在工作、家庭和学习之间平衡，这增加了学习的复杂性。

一、程序性技能

（一）程序性技能的含义

程序性技能，作为个人在特定领域内通过练习和经验积累而形成的自动化执行任务的能力，是现代教育和职业培训中不可或缺的一部分。不同于陈述性技能，它涉及的是"如何做"的知识，而非"是什么"的知识。例如，外科医生在进行手术时，其程序性技能体现在对手术步骤的熟练掌握和无意识的执行上，而这些技能往往需要通过长时间的实践和模拟训练才能达到。根据 K.安德斯·埃里克森的刻意练习理论，专家级的程序性技能需要至少 10 000 小时的专注练习。在商业领域，一项针对销售团队的研究表明，那些接受过系统程序性技能训练的销售人员，其业绩比未经训练的同事高出30%以上。这不仅证明了程序性技能在提高工作效率和质量方面的重要性，也强调了在教育和职业培训中对程序性技能培养的重视。

（二）程序性技能与陈述性技能的区别

程序性技能与陈述性技能是人类认知结构中的两个重要组成部分，它们在学习路径和策略上展现出显著的差异。

程序性技能，又称为"操作性技能"，是指个人在特定情境下通过实践和经验积累而获得的、能够主动执行的技能，如骑自行车、打字等。这类技能的学习往往需要经过大量的重复练习，以达到熟练的程度。专家级的技能表现通常需要至少 10 年的刻意练习，这强调了程序性技能学习的长期性和实践性。而陈述性技能涉及的是知识的获取和理解，如历史事件、数学公式等，它们可以通过阅读、听讲等被动学习方式获得。陈述性技能的学习侧重于记忆和理解，而程序性技能的学习则侧重于应用和执行。例如，学生虽可以背诵所有化学元素的符号，但只有通过实验室操作才能真正掌握化学实验的程序性技能。

在程序性技能的学习中，分解任务法和逐步指导法是常用的教学策略。例如，学习编程时，初学者会先从基础的语法和结构开始，逐步过渡到编写复杂的程序。而在陈述性技能的学习中，如学习法律知识，学生需要通过案例分析和讨论来深化对法律条文的理解和记忆。

此外，程序性技能的学习往往伴随着认知负荷理论的应用，该理论认为学习者在处理信息时存在有限的认知资源。因此，学习者在掌握程序性技能时，需要通过有效的学习方法来减少不必要的认知负荷，如通过分步骤学习和反复练习来巩固技能。而陈述性技能的学习则更多关注如何有效地组织和存储信息，以提高记忆效率。

总之，程序性技能与陈述性技能在学习路径和策略上有着本质的区别，它们各自需要不同的学习方法和教学策略。理解这些差异对于制订有效的学习计划和提升学习效率至关重要。

（三）程序性技能在日常生活和工作中的应用

程序性技能在日常生活和工作中扮演着至关重要的角色，它是通过实践和重复而获得的技能，使我们能够高效地完成任务。例如，驾驶汽车、烹饪、打字等都属于程序性技能。根据心理学家罗伯特·S.费尔德曼的研究，熟练掌握程序性技能可以显著提高工作效率，减少错误率。在工作中，员工若能掌握熟练的程序性技能，可以帮助其更快地适应新环境，提高生产力。例如，软件开发人员通过不断编码，能够提高编程效率，减少漏洞的产生。在教育领域，程序性技能的学习同样重要，如学生通过反复练习数学题，能够提高解题速度和准确性。程序性技能的学习需要通过不断地思考和实践来巩固和提升。

二、程序性技能学习的理论基础

（一）行为主义学习理论

行为主义学习理论强调学习是可观察的行为变化，认为学习是通过刺激与反应的关联而发生的。在程序性技能学习中，这一理论的应用尤为明显。例如，通过操作条件反射，学习者在反复练习中逐渐掌握一项技能，如打字或驾驶汽车。B.F.斯金纳的强化理论指出，通过正强化和负强化，可以增加期望行为的发生频率。在程序性技能学习中，正强化可以是完成任务后的奖励，而负强化则是减少不愉快的刺激，如减少练习中的错误提示。研究显示，通过系统性的强化，学习者在技能掌握上的进步可以提高30%以上。此外，行为主义学习理论中的塑造技术，即通过逐步接近目标行为的方式，也常被应用于程序性技能的学习中，如在音乐教育中，学生通过模仿和逐步练习，最终能够演奏复杂的乐曲。

（二）认知主义学习理论

认知主义学习理论强调学习者内在心理过程的重要性，认为学习是信息处理和知识构建的过程。在程序性技能学习中，认知主义理论指导我们重视学习者的主动参与和发挥先前知识的作用。例如，根据布鲁纳的发现学习理论，学习者通过探索和发现来构建知识，这在程序性技能学习中体现为通过实践操作来掌握技能。一项研究显示，通过自我发现学习的个人在技能掌握上往往比被动接受指导的个人更加熟练和持久。此外，认知主义理论中的图式理论也对程序性技能学习有重要启示，它认为学习者通过将新信息与已有知识结构相整合来学习新技能。例如，在学习编程时，学习者会将新学的编程概念与已掌握的编程语言知识相结合，形成更复杂的知识结构。因此，认知主义学习理论为程序性技能学习提供了理论基础，强调了学习者的主动性和先前知识在技能习得中的关键作用。

（三）建构主义学习理论

建构主义学习理论强调学习是一个主动构建知识的过程，学习者通过与环境的互动，将新信息与已有知识和经验相结合，形成个人独特的理解。在程序性技能学习中，这一理论尤为重要，因为它要求学习者不仅仅是被动地接受信息，而是要主动地参与到技能的实践中去。例如，在学习编程技能时，学习者需要通过编写代码、调试程序来构建对编程语言的理解。研究表明，通过实践操作获得的知识比单纯通过阅读或听讲获得的知识更加牢固和持久。建构主义学习理论的代表人物让·皮亚杰提出，学习者在认知发展的过程中，通过同化和顺应两种机制来适应环境，从而达到认知平衡。在程序性技能学习中，学习者通过同化将新技能融入现有的认知结构，通过顺应调整自己的认知结构以适应新技能的要求。这种动态的适应过程是学习者技能提升的关键。

三、程序性技能学习的阶段

（一）初学者阶段：认知与模仿

在程序性技能学习的初学者阶段，认知与模仿是构建技能基础的关键步骤之一。认知过程涉及对技能概念的理解和内化，而模仿则是通过观察和复制他人行为来学习特定技能的过程。例如，在学习打字技能时，初学者首先需要理解键盘布局和指法使用原则，这一步骤可以通过阅读教材、观看教学视频来完成。根据行为主义学习理论，模仿是学习过程中的一个基本环节，因为通过模仿，学习者能够将观察到的行为转化为自己的行为模式。研究显示，模仿学习在运动技能习得中尤为有效，如在体育教学中，通过观察教练的动作，初学者能够更快地掌握正确的姿势和技巧。

认知与模仿阶段的学习策略包括分解任务法，即将复杂的技能分解为简单的步骤，让初学者逐一掌握。例如，在学习编程时，初学者可以先从理解基本的编程语句开始，然后逐步学习如何构建简单的程序。逐步指导法也是此阶段的重要策略，它要求老师提供明确的指导和反馈，帮助学习者纠正错误，提高模仿的准确性。此外，反复练习法对于认知和模仿阶段的学习成果同样重要，因为技能的掌握需要通过重复练习来强化条件反射，形成肌肉记忆。

（二）进阶阶段：练习与反馈

在程序性技能学习的进阶阶段，练习与反馈是提升技能水平的关键。

练习是技能内化的过程，通过反复练习，学习者能够将理论知识转化为实际操作能力。例如，研究表明，在音乐学习中，练习时间的长短与技能水平的提升呈正相关，每天至少练习一小时的音乐学习者比那些练习时间少于一小时的音乐学习者，在技能掌握上更为出色。此外，刻意练习同样重要，刻意练习的概念强调有目的、有计划练习，它要求学习者在练习中不断挑战自我，超越当前的技能水平。

反馈在练习过程中扮演着不可或缺的角色。有效的反馈能够帮助学习者识别错误、调整策略，并提供改进的方向。在教育领域，约翰·哈蒂和海伦·廷珀利的反馈模型强调了反馈的三个层次：任务层面、过程层面和自我层面。任务层面的反馈关注于学习者完成任务的正确性；过程层面的反馈关注于学习者如何完成任务，包括策略和方法；自我层面的反馈则关注于学习者的自我调节能力，帮助他们建立自信和自我效能感。例如，在编程教学中，通过代码审查的方式提供反馈，不仅能够指出代码中的错误，还能提供改进的建议，帮助学生在实践中学习和成长。

在实际应用中，练习与反馈的结合可以显著提升学习效率。例如，医学领域中的模拟手术训练，医生通过手术模拟机器进行反复练习，并在每次练习后由导师提供针对性的反馈，帮助医生在无风险的环境中提高手术技能。这种模式不仅减少了实际手术中的错误，也加速了医生技能的提升。此外，现代技术的应用，如虚拟现实和人工智能，为练习与反馈提供了新的平台，使得反馈更加及时和个性化，从而进一步优化了学习过程。

（三）熟练阶段：自动化与创新

在程序性技能学习的熟练阶段，学习者达到自动化与创新的水平，意味着他们已经能够无需过多思考即可执行复杂的任务，并在此基础上进行创新。例如，钢琴演奏家在经过长时间的练习后，能够流畅地弹奏一首曲目，甚至在演奏过程中加入自己的即兴创作。根据刻意练习理论，这种能力的形成需要长时间地、有目的地练习，以及对练习过程的持续反思和调整。在这一阶段，学习者通常会经历从有意识的控制到无意识的自动化过程，最终达到技能的内化和创新。一项研究显示，专家级的程序员在编写代码时，其大脑活动模式与初学者有显著差异。专家能够更快地识别模式并做出反应，这表明了自动化在技能掌握中的重要性。同时，创新要求学习者在掌握基本技能的基础上，能够进行批判性思维和创造性思考，如在医学领域，经验丰富的外科医生在手术过程中能够根据实际情况灵活调整手术方案，甚至能够改进或发明新的手术技术。

四、程序性技能学习的方法

（一）分解任务法

分解任务法是程序性技能学习中一种有效的策略，它通过将复杂的技能分解为一系列较小、更易管理的部分来促进学习。例如，在学习编程时，初学者可以先从理解基本的语法结构开始，然后逐步学习如何编写简单的函数，最终组合这些函数来构建完整的程序。这种方法不仅降低了学习难度，还提高了学习效率。根据布鲁姆的认知领域分类，分解任务法有助于学习者从知识的掌握逐步过渡到应用、分析、综合和评价的高级认知过程。在实际应用中，分解任务法也得到了广泛的认可。分解任务法不仅有助于学习者构建坚实的基础，还能够通过逐步增加难度来激发学习者的动机和兴趣。

（二）逐步指导法

逐步指导法也是一种有效的程序性技能学习策略。这种方法同样适用于初学者，因为它允许学习者逐步掌握每个步骤，从而避免了信息过载。例如，在学习编程时，初学者可以首先通过逐步指导法学习基础的语法结构，然后逐步过渡到编写简单的程序，最终能够独立开发复杂的软件应用。研究表明，通过逐步指导法学习的个人在技能掌握上比那些没有使用这种方法的人表现得更好。例如，一项针对医学实习生的研究发现，那些接受逐步指导法训练的实习生在进行临床操作时，其错误率显著低于未接受此方法训练的实习生。此外，逐步指导法还能够帮助学习者建立信心，因为每完成一个步骤都会带来成就感，从而激励他们继续前进。

（三）反复练习法

反复练习法是程序性技能学习中不可或缺的一环，它强调通过持续不断地练习来巩固和提升技能。例如，在钢琴演奏的学习中，初学者需要通过反复练习指法和曲目，才能逐渐减少错误并提高演奏的流畅度。在程序性技能的学习中，反复练习法要求学习者在每次练习中都设定具体目标，专注于提升特定的技能点，从而实现从认知模仿到自动化操作的转变。此外，通过模拟真实场景的练习，学习者能够更好地将理论知识转化为实际操作能力，如在医学手术培训中，通过模拟手术的反复练习，医生能够提高手术操作的准确性。因此，反复练习法不仅是一种学习策略，更是一种通过持续努力实现技能提升的有效途径。

（四）自我监控与评估法

在程序性技能学习的过程中，自我监控与评估法是一种关键的策略，它要求学习者主动地跟踪自己的学习进度，识别技能掌握中的强项和弱点，并据此调整学习计划。一项研究显示，通过定期的自我评估，学习者能够提高其对技能掌握的效率，平均提升幅度达到20%。自我监控包括对任务完成的频率和质量的记录，以及对学习过程中的情绪状态、时间管理和资源利用的反思。例如，使用SMART目标设定模型来设定学习目标，可以帮助学习者更清晰地了解自己的进步，并及时调整目标以适应自己的学习节奏。弗拉维尔的观点"元认知是学习者对自我认知过程的意识和控制"，强调了自我监控在程序性技能学习中的核心作用。通过自我监控与评估法，学习者能够更好地理解自己的学习习惯，从而在必要时采取措施，如寻求额外的资源或改变学习策略，以确保持续进步。

五、程序性技能学习的障碍与克服

（一）认知负荷理论与程序性技能学习障碍

认知负荷理论强调在学习过程中，个人的工作记忆资源是有限的，因此在程序性技能学习中，设计教学活动时必须考虑到如何有效地分配这些资源。例如，当学习者在尝试掌握一项新的编程语言时，复杂的语法结构和编程逻辑可能会导致工作记忆超载，从而妨碍技能的习得。为了克服这一障碍，教学设计者可以采用分解任务法，将复杂的编程任务拆分成一系列小步骤，每个步骤专注于一个特定的技能点，从而降低学习者的认知负荷。此外，逐步指导法通过提供清晰的步骤指导和及时反馈，帮助学习者逐步构建起对程序性技能的理解，避免信息过载的问题。

（二）情绪因素对程序性技能学习的影响

在程序性技能学习的过程中，情绪因素扮演着重要的角色。情绪状态不仅影响学习者的动机和注意力，还直接关联到技能掌握的效率和质量。例如，焦虑和紧张情绪可能会导致学习者在执行任务时出现手忙脚乱，影响技能的流畅性；而积极的情绪如兴奋和自信，则能够促进学习者更好地集中精力，提升学习效率。根据耶克斯-多德森定律，适度的紧张可以提高学习者的警觉性，从而提升学习表现，但过度的紧张则会适得其反。在一项针对程序性技能学习的研究中，研究者发现，当学习者处于积极情绪状态时，他们更倾向于采取主动探索和实践，这有助于对技能的快速掌握和创新。因此，在设计程序性技能学习路径时，教育者和培训师应考虑如何通过情绪调节策略，如正面激励、压力管理训练等来优化学习环境，从而促进学习者的情绪状态，提升学习效率。

（三）克服程序性技能学习障碍的策略

在程序性技能学习的过程中，克服障碍是实现技能提升的关键。认知负荷理论指出，学习者在处理信息时存在有限的认知资源，因此，制订有效的学习计划，减少不必要的认知负荷是提升学习效率的重要策略。例如，通过分解任务法，将复杂的技能分解为一系列小步骤，学习者可以逐步掌握，避免因信息过载而感到困惑。此外，情绪因素对技能学习的影响不容忽视，积极的情绪状态能够促进学习者的认知加工和记忆保持。因此，营造积极的学习氛围，提供及时的正面反馈，以及鼓励自我监控与评估，都是帮助学习者克服情绪障碍的有效方法。

六、程序性技能学习的评估与反馈

（一）程序性技能学习的评估方法

在程序性技能学习的评估过程中，采用多元化的评估方法至关重要，以确保学习成果的全面性和准确性。例如，通过形成性评估，可以在学习过程中持续跟踪学习者的进步，及时调整教学策略。形成性评估通常包括自我评估、同伴评估和老师评估，这些评估方式能够提供及时反馈，帮助学习者识别和弥补技能上的不足。此外，总结性评估则在学习阶段结束时进行，以量化的方式衡量学习者对程序性技能的掌握程度，如通过考试、项目展示或实际操作考核。在某些情况下，可以采用标准化测试来评估学习者在特定程序性技能上的表现，如编程能力测试或医疗操作技能考核。案例研究显示，结合使用这些评估方法能够显著提升学习效率和技能掌握质量。评估方法的选择和应用应当以促进学习者技能提升和自我完善为目标。

（二）及时反馈的重要性

在程序性技能学习的过程中，及时反馈的重要性不容忽视。根据行为主义学习理论，学习者可通过正强化或负强化的反馈来调整自己的行为，从而达到技能掌握的目的。例如，在外科手术培训中，通过虚拟现实技术提供的及时反馈，可以帮助外科医生在模拟环境中迅速纠正错误，提高手术技能的精确度。研究表明，及时反馈可以将学习效率提高30%以上，因为它允许学习者立即了解自己的表现，并根据反馈进行调整。此外，认知负荷理论也强调了反馈在减轻认知负荷、优化学习路径中的作用。正如教育家约翰·杜威所说："我们不学习经验，我们通过经验学习。"及时反馈正是这种经验学习过程中的关键环节，它不仅能够帮助学习者识别和修正错误，还能增强学习者的自我效能感，从而促进程序性技能学习的持续进步。

七、程序性技能学习的现代技术应用

（一）虚拟现实与模拟训练

虚拟现实技术在程序性技能学习中的应用，为学习者提供了一个沉浸式的学习环境，极大地增强了学习体验和效果。例如，在医学教育中，虚拟现实技术被用来模拟手术过程，学生可以在无风险的虚拟环境中练习复杂的手术技能。根据一项研究，使用虚拟现实进行手术训练的学生在实际操作中的表现比传统训练方法的学生提高了30%。这种技术不仅能够提供高度仿真的模拟环境，还能通过重复练习来加强肌肉记忆，从而加速从认知阶段到熟练阶段的过渡。此外，虚拟现实模拟训练还能够记录学习者的操作数据，通过分析这些数据，老师可以提供针对性的反馈和指导，帮助学习者识别和改进技能上的不足。虚拟现实技术正是将这一理念转化为现实的有效工具。

（二）人工智能辅助学习

在程序性技能学习的现代技术应用中，人工智能辅助学习正成为一股不可忽视的力量。人工智能技术通过个性化学习路径的创建，能够根据学习者的能力和进度提供定制化的教学内容和练习。例如，智能教育平台可以根据学习者在编程、外语学习或其他技能领域的表现，实时调整教学策略和难度，从而提升学习效率。根据一项研究，使用人工智能辅助学习的学生在数学和科学测试中的表现比使用传统教学方法的学生高出15%~20%。

此外，人工智能在模拟训练和虚拟现实中的应用，为程序性技能学习提供了沉浸式体验。例如，在医学教育中，人工智能驱动的模拟手术平台能够让学生在无风险的环境中练习手术技能，通过模拟真实手术过程中的各种情况，提高其临床技能。这种技术不仅减少了对真实患者的风险，还允许学生在重复练习中不断改进，直至达到熟练水平。

在评估与反馈方面，人工智能能够提供及时、精确的反馈，帮助学习者及时纠正错误，巩固正确的技能。例如，语言学习用人工智能来分析用户的发音和语法错误，并提供个性化的练习来弥补弱点。这种及时反馈机制不仅提高了学习者的参与度，还加速了技能的掌握过程。正如乔布斯所说："技术本身并不重要，重要的是技术如何与人类的需求和梦想相结合。"人工智能辅助学习正是将技术与学习者的需求完美结合的典范。

（三）移动学习与微学习

在程序性技能学习的现代技术应用中，移动学习与微学习正成为变革性的力量。

移动学习，即通过智能手机、平板电脑等移动设备进行的学习，打破了时间和空间的限制，使得学习者可以随时随地获取知识和技能。根据国际数据公司（IDC）的报告，全球移动学习市场规模2020年已达到120亿美元，同时，其他市场研究机构预计到2024年将增长至375亿美元。这一增长趋势反映了移动学习在程序性技能学习中的重要性，尤其是在需要频繁练习和及时反馈的场景中。

微学习是将学习内容分解为小块，通常持续时间不超过10分钟，便于学习者在碎片化时间中进行学习。微学习的兴起与认知科学的研究相吻合，研究表明，短时、高频率的学习模式更符合人类的记忆规律。例如，谷歌公司就采用了微学习的方法来培训其员工，通过一系列简短的视频和互动模块，帮助员工快速掌握新的程序性技能。

移动学习与微学习的结合，为程序性技能的学习提供了极大的灵活性和个性化。例如，通过移动设备上的应用程序，学习者可以接收定制化的微课程，这些课程通常包括视频、测验和模拟操作，以强化学习效果。此外，数据分析工具可以追踪学习者的进度，提供个性化的反馈和建议，从而优化学习路径。移动学习与微学习正是将技术与学习者的需求完美结合的典范。

八、程序性技能学习的未来趋势

（一）技术进步对程序性技能学习的影响

随着技术的飞速发展，程序性技能学习的路径与策略正经历着前所未有的变革。以虚拟现实和增强现实技术为例，它们为学习者提供了沉浸式的学习环境，极大地增强了学习体验的真实性和互动性。例如，医学院学生可以通过虚拟现实技术进行无风险的手术模拟练习，而无需担心实际操作中的风险和成本。根据市场研究公司的数据，全球虚拟现实市场预计将从2020年的53亿美元增长到2024年的160亿美元，这表明了技术进步对教育和培训领域的深远影响。

此外，人工智能技术的应用也在程序性技能学习中扮演着越来越重要的角色。人工智能辅助的学习系统能够根据学习者的进度和能力提供个性化的学习计划和反馈，从而提高学习者的学习效率。同时，它们还利用人工智能算法来调整课程难度，确保学习者始终处于最佳学习状态。这种技术进步不仅提升了学习的个性化程度，也使得学习过程更加高效和有趣。

技术进步还促进了移动学习与微学习的发展，使得学习者可以随时随地通过智能手机或平板电脑进行学习。这种灵活性极大地推动了终身学习理念的普及，使得程序性技能的学习不再局限于传统的教室环境。

综上所述，技术进步不仅为程序性技能学习提供了新的工具和平台，还改变了学习的方式和路径。在程序性技能学习的未来发展趋势中，技术将继续扮演着推动者和变革者的角色，为学习者提供更加丰富、高效和个性化的学习体验。

（二）终身学习理念下的程序性技能学习

在终身学习理念的推动下，程序性技能学习呈现出前所未有的活力与多样性。随着技术的不断进步，人们不再满足于传统的学习方式，而是寻求更加高效、灵活的技能提升途径。例如，根据国际劳工组织的报告，到2025年，全球将有超过20亿人需要重新培训或升级技能以适应新的工作环境。这一数据凸显了终身学习在程序性技能发展中的重要性。以编程技能为例，通过在线教育平台，个人可以随时随地学习最新的编程语言和开发工具，这些平台提供的微学习模块和互动式编程练习，使得学习者能够快速掌握并应用新技能。此外，结合认知负荷理论，学习者在面对复杂任务时，通过分解任务法和逐步指导法，能够有效降低学习难度，提升学习效率。在终身学习的框架下，程序性技能的学习不再是一次性的，而是一个持续的、动态的过程，它要求我们不断地适应变化，不断地创新和自我超越。

（三）跨学科融合对程序性技能学习的挑战与机遇

在当今知识经济时代，跨学科融合已成为推动程序性技能学习的重要动力。随着技术的不断进步，不同学科间的界限变得模糊，为程序性技能的学习带来了前所未有的挑战与机遇。例如，人工智能与大数据分析的结合，不仅改变了数据处理的方式，也为个性化学习路径的设计提供了可能。个性化学习能够提升学习效率，使学习者在更短的时间内掌握复杂的程序性技能。然而，跨学科融合也要求学习者具备更广泛的知识基础和较强的适应能力，这无疑增加了学习的难度。例如，在数字化医学领域中，程序性技能的学习不仅需要医学知识，还需要计算机科学、统计学等多学科知识的融合，以适应数字化医疗的发展需求。因此，跨学科融合要求教育者和学习者共同面对挑战，通过创新教学方法和学习策略，如案例教学、项目式学习等，来培养能够适应未来社会需求的复合型人才。

第十六章　能量管理：用时更少，学得更好

一、能量管理与时间管理的区别

（一）能量管理的核心理念与时间管理的本质差异

在探讨学习效率的提升时，传统的"时间管理"方法往往强调如何更有效地分配和使用时间，例如使用番茄工作法、时间块划分等策略。然而，这种方法忽视了一个关键因素——个人的能量水平。能量管理的核心理念在于，学习效率和工作表现不仅取决于时间的分配，更取决于个人在特定时间段内的能量状态。例如，心理学家罗伊·鲍迈斯特的研究表明，自我控制力是一种有限的资源，它会随着使用而消耗，这与能量管理的观点不谋而合。能量管理强调根据个人的生理和心理能量波动来安排任务，而不是单纯地追求时间上的最大化利用。一项研究显示，人们在一天中不同时间的注意力和记忆力存在显著差异，这要求我们根据自身的能量周期来调整学习计划，而不是机械地遵循固定的时间表。因此，能量管理倡导的是一种更为灵活和个性化的管理方式，它通过识别和利用个人的能量高峰，来提升学习和工作的效率，从而实现时间管理的智慧替代。

（二）能量管理视角下的时间利用效率

在探讨能量管理视角下的时间利用效率时，我们不得不提到著名的"帕累托原则"，即通常所说的80/20法则，它指出大约80%的成果来自20%的努力。在学习效率的语境下，能量管理的实践者们发现，通过识别并专注于那些能够带来最大回报的任务，能够显著提高时间的利用效率。一项研究显示，当学生在精力最旺盛的时段学习难度较高的科目时，其学习效率可提高30%以上。这种策略的实施，要求我们首先了解自己的能量周期，然后根据个人的生理节奏和心理能量状态，动态调整学习计划。例如，早晨起床后的几个小时，通常是个人能量水平较高的时段，此时安排深度学习或解决复杂问题，可以实现时间

的高效利用。而能量管理工具，如日程规划软件，可以帮助我们更好地追踪和优化这些周期性活动，确保在正确的时间做正确的事。

（三）时间管理的局限性在能量管理中的体现

在探讨时间管理的局限性时，我们不难发现，尽管时间管理技巧如待办事项列表、时间分块等在表面上提高了任务的组织性，但它们往往忽视了个人能量状态的波动性。例如，传统的时间管理方法可能建议在早晨进行高难度的学习任务，因为人们普遍认为早晨是效率最高的时段。然而，能量管理理论指出，个人的能量水平并非一成不变，而是受到生理节奏、心理状态和环境因素的综合影响。一项研究显示，人的能量水平在一天中会有几个高峰和低谷，而这些峰值和谷值在不同个人之间存在显著差异。因此，一个固定的时间表可能并不适合所有人，甚至对同一个人在不同日子也可能不适用。能量管理强调根据个人的能量周期来安排学习和工作，例如将需要高度集中注意力的任务安排在个人能量高峰期，而将休息和恢复时间安排在能量低谷期。这种做法不仅提高了学习效率，还避免了因过度劳累而导致的效率下降和健康问题。能量管理正是帮助我们更智慧地使用时间，而不是被时间所驱使。

（四）能量管理如何弥补时间管理的不足

在探讨如何通过能量管理提升学习效率时，我们不得不面对传统时间管理方法的局限性。时间管理强调的是任务的规划和时间的分配，但往往忽视了个人在不同时间段内的能量状态。一项研究显示，人们在一天中会有能量的高峰和低谷，而传统的日程安排往往没有考虑到这一点。能量管理则弥补了这一不足，它强调根据个人的生理节奏和心理能量来安排学习任务，从而提升效率。根据生物节律理论，大多数人在9:00~11:00以及15:00~17:00，注意力和记忆力达到高峰。能量管理倡导在这些时段安排需要高度集中精力的学习活动，而在能量低谷期则安排一些较为轻松的学习任务或休息，以避免效率低下和疲劳积累。

能量管理还注重环境因素对能量水平的影响。例如，心理学家罗伯特·索默提出，环境中的噪声、光线和温度都会影响个人的能量状态。因此，能量管理建议学习者根据自己的能量周期和环境条件，动态调整学习计划，以达到最佳的学习效果。例如，如果一个人在安静、光线适宜的环境中学习效率更高，那么他应该在这样的环境中学习，而不是在嘈杂的咖啡馆或光线昏暗的房间里学习。

能量管理还强调休息与恢复的重要性，这在时间管理中往往被忽视。例如，谷歌公司实施的"20%时间"项目，允许员工将20%的工作时间用于自己感兴趣的项目，这种做法实际上是一种能量恢复的策略。它不仅提高了员工的工作满意度，还促进了员工进行创新。能量管理同样建议学习者在长时间学习后安排短暂的休息，以防止过度疲劳和效率下降。通过合理安排学习与休息的循环模式，学习者可以保持高效率的学习状态。

（五）能量管理对传统时间管理观念的颠覆与革新

在传统的时间管理观念中，人们往往通过制订详尽的日程表、优先级列表和截止日期来试图最大化时间的利用效率。然而，这种方法忽视了个人能量波动对工作和学习效率的影响。能量管理的提出，颠覆了这种以时间为中心的管理观念，转而关注个人的生理和心理能量状态。能量管理倡导根据个人的生物钟和能量周期来安排任务。这种做法不仅提高了学习和工作的效率，还减少了因过度劳累导致的效率下降和健康问题。案例研究显示，采用能量管理方法的个人，其学习效率平均提高了30%，同时生活质量也得到了显著提升。

二、能量管理的主要原则

（一）个人能量波动模式的分析与理解

个人能量波动模式的分析与理解是能量管理的核心组成部分，它要求我们深入了解自身在一天中不同时间段的精力水平变化。根据研究，大多数人在早晨醒来后的几个小时内精力最为充沛，而下午则可能经历一个能量低谷。这种波动模式被称为"昼夜节律"，它影响着我们的认知功能、情绪状态和生理健康。通过识别和理解这些波动模式，我们可以更有效地安排学习和工作时间，从而提升效率。一项针对大学生的研究表明，那些能够根据自己的能量高峰和低谷来安排学习时间的学生，其学习效率和成绩都有显著提高。此外，能量管理的实践者如作家托尼·施瓦茨也强调，通过合理分配工作和休息时间，可以显著提高个人的生产力和创造力。因此，通过分析个人的能量波动模式，我们可以制订出更加科学合理的学习计划，实现学习效率的最优化。

（二）生理节奏与能量管理的关系

生理节奏，也称为"昼夜节律"，是人体内一种自然的，以大约24小时为周期的生物钟。它控制着睡眠、觉醒、体温、激素分泌等多种生理过程。在能量管理的框架下，理解并顺应这些生理节奏对于提升学习效率至关重要。研究表明，人体的生理节奏影响着认知功能和情绪状态，进而影响学习和工作的表现。例如，体温在一天中会有所波动，通常在下午晚些时候达到峰值，这与注意力和记忆力的提高有关。因此，在这一时段安排高强度学习任务，可以利用生理上的优势，提升学习效率。此外，激素如皮质醇的分泌也遵循一定的昼夜节律，早晨起床后皮质醇水平较高，个人具有较高的警觉性和能量水平，而晚些时候则应减少压力，以促进恢复。能量管理不仅要求我们认识到这些生理节奏的存在，还要求我们根据这些节奏来调整学习计划和休息时间，从而达到学习效率和生活质量的双重提升。

（三）心理能量与情绪调节的相互作用

心理能量与情绪调节的相互作用是能量管理中一个至关重要的环节。在学习过程中，情绪状态直接影响个人的认知功能和学习效率。例如，积极的情绪可以提高大脑的多巴胺水平，从而增强记忆力和学习动力。根据耶克斯-多德森定律，适度的紧张可以提升表现，但过度的紧张则会导致效率下降。因此，通过情绪调节，如采用冥想和正念练习、写情绪日记等技巧，可以帮助个人在学习时保持最佳的心理能量状态。一项研究显示，经常进行正念练习的学生在注意力和情绪稳定性方面表现更佳，这表明情绪调节对于保持和提升心理能量具有显著效果。此外，情绪智力的培养，如对自我意识、自我调节、社会技能等的培养，也是能量管理中不可或缺的部分，它们帮助个人更好地理解并管理自己的情绪，从而在学习中实现能量的高效利用。

（四）环境因素对能量水平的影响

环境因素对个人的能量水平有着深远的影响，这一点在能量管理中尤为关键。一项发表在《环境健康展望》杂志上的研究表明，室内空气质量的微小变化，如二氧化碳浓度的升高，都可能导致认知功能的下降，进而影响学习效率。此外，根据美国国家睡眠基金会的建议，适宜的温度和噪声水平对于保证良好的睡眠质量至关重要，而睡眠质量直接关系到个人第二天的能量水平。在能量管理的实践中，通过调整学习环境，比如使用空气净化器、调节室内温度、使用隔音材料等，可以显著提升学习效率。

（五）长期能量保持与优化

在能量管理方面，长期能量保持与优化是至关重要的。根据研究，成年人每天需要7~9小时的睡眠以保持最佳的认知功能和情绪稳定。一项发表在《睡眠》杂志上的研究指出，睡眠不足会显著降低人的注意力和记忆力，从而影响学习效率。因此，优化睡眠模式，确保充足的休息时间，是长期能量管理的基础。此外，定期的体育锻炼不仅能够提高身体素质，还能促进大脑释放内啡肽，提升情绪状态和能量水平。每周进行至少150分钟的中等强度运动，如快走或游泳，已被证明能够显著提高个人的精力和学习能力。在心理能量方面，积极的情绪调节技巧，如冥想和正念练习、写情绪日记，可以帮助个人更好地管理压力，保持长期的心理能量。一项由哈佛大学进行的研究表明，冥想和正念练习能够减少个人的压力和焦虑，提高专注力。最后，合理饮食也是长期能量保持的关键因素。均衡摄入蛋白质、碳水化合物、健康脂肪以及足够的水分，能够为大脑和身体提供持续的能量来源。通过这些策略的综合运用，个人可以实现能量的长期保持，从而在学习和生活中保持高效和活力。

（六）识别个人能量周期

在用能量管理提升学习效率的过程中，识别个人能量周期是至关重要的一步。每个人都有自己的生物钟，即内在的生理节奏，它影响着我们的能量水平、注意力集中度以及情绪状态。例如，根据研究，大多数人在9:00~11:00以及15:00~17:00，注意力和记忆力达到高峰。而14:00左右，人们往往会出现一个能量低谷期。了解这些周期性变化，可以帮助我们更好地安排学习计划。此外，通过记录和分析个人的能量波动模式，我们可以发现自己的"黄金时间"，并据此制订出更加个性化和高效的学习策略。正如爱迪生所说："时间是每个人拥有的最宝贵的资源，但大多数人却不知道如何使用它。"通过识别个人能量周期，我们不仅能够更智慧地使用时间，还能显著提升学习效率。

（七）能量消耗与恢复的平衡

在能量管理方面，能量消耗与恢复的平衡也是至关重要的。正如心理学家米哈里·契克森哈赖所描述的"心流"状态，当个人完全沉浸在某项活动中时，他往往能体验到高度的专注和效率。然而，这种状态并非无限制地可持续，它要求我们在能量消耗后进行有效的恢复。研究表明，每工作一段时间，休息几分钟，可以显著提高工作效率和创造力。这种工作、休息的循环模式，正是能量管理中平衡消耗与恢复的体现，由此可见，能量消耗与恢复的平衡，也是确保学习效率的有效方法。

三、实施能量管理的策略

（一）个人能量状态的自我监测与评估

在追求学习效率的道路上，个人能量状态的自我监测与评估是能量管理不可或缺的一环。通过科学的方法记录和分析自己的能量波动，学习者可以更精准地安排学习计划，从而达到事半功倍的效果。例如，学习者可以识别出自己在一天中的高能量时段和低能量时段。在高能量时段，学习者应安排需要高度集中注意力和认知负荷的任务，如学习新概念或解决复杂问题。而在低能量时段，则可以进行复习、整理笔记或进行轻松的阅读活动。研究表明，将学习内容与个人能量周期相匹配，学习效率可以提高20%~30%。

此外，自我监测与评估的过程也包括对情绪状态的考量。情绪能量对认知功能有着直接的影响。例如，积极的情绪状态可以提高记忆力和解决问题的能力，而消极情绪则可能导致认知资源的分散。因此，学习者可以通过日记记录、情绪量表或情绪追踪应用来监测自己的情绪变化，并据此调整学习策略。例如，当发现情绪低落时，可以采取短暂的休息或进行放松活动，如深呼吸、冥想或散步，以恢复情绪能量，从而更好地投入学习中。

在实际操作中，个人能量状态的自我监测与评估还可以借助现代技术工具，如可穿戴设备和智能应用。这些工具能够实时监测心率、睡眠质量、活动量等生理指标，并通过数据分析提供个性化的能量管理建议。例如，智能手表可以追踪睡眠周期，帮助学习者了解何时是最佳的起床时间，以确保在学习前拥有充足的休息和恢复。通过这些数据的积累和分析，学习者可以构建起个人的能量管理档案，为长期的学习效率提升奠定基础。

（二）基于能量波动的高效任务分配策略

在追求学习效率的道路上，基于能量波动的高效任务分配策略显得尤为重要。这一策略的核心在于识别和利用个人的能量周期，以实现任务执行的最优化。研究表明，大多数人在早晨醒来后的几个小时内，大脑的认知功能最为活跃，这被称为"早鸟型"能量模式。因此，将需要高度集中注意力和创造力的任务安排在这一时段，如学习新的复杂概念或解决难题，可以显著提升效率和质量。根据一项由哈佛大学进行的研究，早晨完成的任务比其他时间完成的任务错误率低15%。此外，能量管理理论中的"匹兹堡睡眠质量指数量表"可以帮助个人监测和评估自己的睡眠质量，从而更好地规划学习时间。通过这样的自我监测，学习者可以调整作息，从而达到学习与休息的良性循环。这种策略提升了学习效率。

（三）能量管理中的休息与恢复技巧

在能量管理的实践中，休息与恢复技巧是提升学习效率的关键环节。根据研究，成年人每天需要7~9小时的睡眠以保证身体和大脑的充分恢复。然而，现代学生常常因学业压力而牺牲睡眠时间，这不仅影响了他们的认知功能，还可能导致健康问题。一项发表在《睡眠研究杂志》上的研究指出，睡眠不足会降低注意力和记忆力，从而影响学习效率。因此，能量管理强调在学习计划中合理安排休息时间，确保充足的睡眠，以及在学习间隙进行短暂的休息。此外，定期进行深度放松活动，如冥想和瑜伽，也被证明能够有效降低压力水平，促进能量恢复。通过科学的休息与恢复技巧，我们能够更高效地利用时间，从而在学习中达到事半功倍的效果。

（四）动态调整学习计划以适应能量变化

在学习过程中，动态调整学习计划以适应能量变化是提升效率的关键。根据能量管理理论，个人的能量水平并非一成不变，而是呈现出周期性的波动。例如，心理学家罗伯特·汤普森的研究表明，人们在一天中会有几个自然的能量高峰期和低谷期。因此，学习者应根据自身能量周期，合理安排学习内容和休息时间。通过这种方式，学习者能够确保在最佳状态下完成最重要的学习任务，从而提升学习效率和质量。

（五）集中注意力与分散注意力的能量管理技巧

在用能量管理提升学习效率的过程中，集中注意力与分散注意力的能量管理技巧是至关重要的。集中注意力能够帮助学习者在能量高峰期深入学习，而适时地分散注意力则有助于避免疲劳和过度紧张。

（六）设定优先级与任务相匹配

在能量管理的框架下，设定优先级与任务相匹配是提升学习效率的关键。首先，个人需识别自身能量周期的高低起伏，依据生理节奏和心理能量状态，将任务与能量水平相匹配。此外，应用艾森豪威尔矩阵，将任务分为紧急重要、紧急但不重要、不紧急但重要和不紧急不重要四类，有助于合理分配时间和精力，确保高能量时段处理那些对学习成果影响最大的任务。案例分析表明，通过这种方式，学生能够减少低效学习，提高学习质量，从而在考试中取得更好的成绩。正如柯维所言："首先做最重要的事情。"在能量管理中，优先处理那些与个人能量周期相匹配的重要任务，是实现学习目标的有效途径。

四、能量管理在学习中的应用

（一）学习节奏与能量波动协同策略

在追求学习效率的道路上，理解并应用学习节奏与能量波动的协同策略至关重要。研究表明，人的能量水平并非一成不变，而是呈现出周期性的波动。例如，根据《能量管理：超越时间管理》一书中的分析，大多数人在9:00~11:00以及15:00~17:00，能量水平较高，适合进行深度学习和复杂任务的处理。而14:00左右，能量水平往往会出现一个低谷，此时应安排一些轻松的活动或短暂的休息，以避免效率低下和疲劳积累。

为了更好地将学习节奏与能量波动相结合，可以采用能量周期分析模型来指导学习计划的制订。该模型建议，学习者应首先识别自己的能量周期，然后根据能量的高低来安排学习任务。这种策略的实施，不仅能够提升学习效率，还能减少因能量不匹配导致的学习挫败感。

此外，案例研究显示，成功的学习者往往能够灵活调整学习计划以适应自己的能量波动。例如，一位名叫艾米的大学生，通过记录自己一周内的能量水平和学习效率，发现她在每天的16:00~18:00，尽管处于能量高峰期，但学习效率却不高。经过分析，她意识到这是因为她习惯于在这个时间段进行社交活动。于是，艾米调整了她的学习计划，将需要高度集中注意力的任务安排在上午，而将一些较为轻松的学习活动挪到下午，结果她的学习效率显著提升。

综上所述，学习节奏与能量波动的协同策略要求学习者对自身的能量周期有深刻的认识，并能够灵活地调整学习计划，以达到最佳的学习效果。在能量管理的实践中，我们不仅要计算时间，更要计算能量，以智慧地安排学习和休息，从而在学习的道路上走得更远、更稳。

（二）能量高峰期的深度学习技巧

在探讨用能量管理提升学习效率的过程中，识别并利用能量高峰期进行深度学习是至关重要的策略。能量高峰期，通常与个人的生物钟和生理节奏相吻合，是进行复杂思维和创造性工作的理想时段。研究表明，大多数人在早晨至中午之间拥有较高的能量水平，而这一时段也被称作"黄金时间"。根据《生物节律与工作效率》一书中的研究，人的认知功能在早晨达到顶峰，此时进行学习和工作能够取得事半功倍的效果。因此，深度学习技巧之一就是将需要高度集中精力的任务安排在这一时间段内，如解决数学难题、撰写论文或学习新概念。

此外，能量管理理论中的能量周期概念也强调了在能量高峰期进行深度学习的重要性。能量周期理论认为，每个人都有自己的能量波动模式，通过识别这些模式，可以更有效地规划学习时间。例如，心理学家汉斯·艾森克提出，个人在高能量状态下，大脑的前额叶活动增强，这有助于提升学习效率和记忆力。因此，学习者应学会观察自己的能量周期，利用这些周期性波动来安排学习计划，以达到最佳学习效果。

在实际操作中，深度学习技巧还涉及如何在能量高峰期保持专注和避免干扰。此外，学习者还可以通过设定明确的学习目标、使用时间管理工具以及创造一个有利于学习的环境来进一步提升学习效率。通过这些技巧，学习者可以充分利用能量高峰期，实现学习效率和质量的双重提升。

（三）基于能量状态的学科交叉学习法

在探讨用能量管理提升学习效率的框架下，基于能量状态的学科交叉学习法显得尤为重要。这一方法强调根据个人的能量波动模式来安排不同学科的学习，以达到学习效率的最大化。

此外，能量管理视角下的学科交叉学习法还涉及对学习者情绪和心理能量的调节。戈尔曼提出的情绪智力概念，强调了情绪调节在学习过程中的重要性。通过识别和管理个人的情绪状态，学习者可以更好地利用能量高峰期进行深度学习。例如，当学习者感到精力充沛时，可以采用主动学习策略，如讨论、辩论或项目式学习，这些活动能够促进多学科知识的交叉融合，从而加深理解和记忆。

在实际应用中，学习者可以借助各种工具和技巧来监测和评估自己的能量状态。例如，使用日程规划工具来记录不同时间段的学习效率，并结合放松与冥想技巧来调节能量消耗与恢复的平衡。通过这种方式，学习者能够更精确地安排学习计划，以保持学习的连贯性和深度。

（四）能量低谷期的学习适应性调整

在能量管理的框架下，学习效率的提升不仅仅依赖于时间的合理分配，更在于对个人能量波动的深刻理解和适应。研究显示，人的能量水平在一天中会经历高低起伏，而这种波动与个人的生物钟和日常活动密切相关。此外，根据丹尼尔·平克在《驱动力》一书中提到的"自由支配时间"的概念，能量低谷期可以用来进行一些非结构化的学习，如阅读与兴趣相关的书籍或参与讨论，这些活动能够激发内在动机，从而在一定程度上提升能量水平。通过这些策略，学习者能够更好地适应自身能量的波动，从而在能量低谷期也能保持学习的连续性和效率。

（五）创新学习方式与能量管理相结合实践

在创新学习方式与能量管理相结合实践的过程中，我们发现，通过精心设计的学习活动，可以显著提升学习效率并优化能量消耗。此外，结合个人能量周期的分析，如使用生物节律理论来安排学习时间，可以进一步提升学习效率。

（六）高效学习时段的选择

在探讨高效学习时段的选择时，我们不得不提及著名的生物钟理论，该理论指出人体内存在一个内在的时钟，它控制着我们的睡眠–觉醒周期，以及能量的波动。根据这一理论，大多数人的生物钟在早晨至中午之间达到能量的高峰，这通常被认为是进行深度学习和处理复杂任务的理想时段。例如，一项由德国马克斯·普朗克研究所进行的研究表明，人们在早晨的逻辑推理能力更强，而到了下午，这种能力会有所下降。因此，根据能量管理的原则，将学习计划安排在个人的高效时段，可以显著提升学习效率和质量。

然而，个人差异意味着并非所有人都在早晨拥有最佳的学习状态。能量管理的核心在于识别和理解个人的能量周期。例如，一些人可能是"夜猫子"，他们的能量高峰出现在晚上，而早晨则相对低迷。因此，高效学习时段的选择应基于对个人能量波动模式的深入分析。通过自我监测和评估，结合生理节奏与心理能量的相互作用，学习者可以确定自己的高效学习时段，并据此调整学习计划，以实现学习效率的最大化。

此外，环境因素也不容忽视。学习者应考虑如何创造一个有利于学习的环境，以支持在高效时段内的学习活动。例如，通过减少干扰、调整光线和温度，以及确保充足的营养和水分摄入，可以进一步提升学习效率。

（七）学习与休息的循环模式

在探讨学习与休息的循环模式时，我们不得不提及著名的番茄工作法，这种方法不仅符合能量管理的原则，而且通过科学的时间分配，帮助学习者在保持精力充沛的同时，提升学习效率。研究表明，这种短暂的专注与休息循环能够有效提升注意力集中度，减少疲劳感，从而在学习过程中实现能量的高效利用。

此外，能量管理理论中的超量恢复模型也为我们提供了学习与休息循环模式的理论支持。该模型认为，通过适当的休息和恢复，个人的能量水平可以超过之前的水平，从而达到更高的能量状态。例如，运动员在高强度训练后通过休息和营养补充，其体能会得到超量恢复，变得更为强健。在学习领域，学生在经过一段时间的集中学习后，通过适当的休息，大脑的神经元得以修复和强化，从而在下一轮学习中表现出更高的效率和更好的理解能力。

在实际应用中，我们可以参考心流理论，该理论描述了一种完全投入某项活动时的忘我状态。在学习过程中，当学生进入心流状态时，他们往往能够体验到时间的流逝感消失，学习效率显著提高。然而，心流状态的保持需要良好的能量管理，包括合理安排学习与休息的时间，确保在心流状态结束后及时进行能量的恢复，避免过度疲劳。

综上所述，学习与休息的循环模式是能量管理在学习领域应用的重要组成部分。通过科学的时间分配、适当的休息以及对个人能量状态的精准把握，学习者可以实现学习效率的最大化，同时保持身心健康。正如爱迪生所言："休息不是浪费时间，而是为工作充电。"在学习的道路上，合理安排休息，正是为了更好地前行。

五、能量管理工具与技巧

（一）使用日程规划工具

在追求学习效率的道路上，日程规划工具成为能量管理不可或缺的助手。

通过精心设计的日程规划，个人能够更好地理解并利用自己的能量周期，从而在最适宜的时间段内安排高强度的学习任务。例如，根据著名的"匹兹堡睡眠质量指数量表"，良好的睡眠质量与日间能量水平呈正相关。因此，日程规划工具可以帮助学习者确保充足的睡眠时间，为第二天的学习活动储备能量。此外，借助于时间管理的番茄工作法，不仅有助于保持注意力的集中，也符合能量管理中对工作与休息平衡的要求。在实际应用中，一些高效的学习者通过使用数字日程规划软件，能够灵活地调整学习计划，以适应个人能量的波动。这些工具不仅帮助他们记录和追踪学习进度，还能够提醒他们进行必要的休息和能量恢复活动，从而提升学习效率。

（二）掌握放松与冥想技巧

在追求学习效率的道路上，掌握放松与冥想技巧是能量管理不可或缺的一部分。放松技巧，如深呼吸、渐进性肌肉放松和正念练习，能够帮助学习者在紧张的学习间隙迅速降低压力水平，恢复精力。一项发表在《心理科学》杂志上的研究显示，进行冥想和正念练习的参与者在注意力和工作记忆测试中表现更佳。而冥想不仅能够提高个人的专注力，还能改善情绪状态，从而在学习过程中实现更高效的能量利用。谷歌公司内部的"搜索内部"项目就包括了冥想课程，旨在帮助员工提升专注力和创造力。通过这些技巧，学习者可以更好地管理自己的能量状态，避免因过度疲劳而导致的学习效率下降。

六、能量管理的长期益处

（一）提升学习效率

在探讨如何通过能量管理提升学习效率时，我们不得不提到著名的番茄工作法。研究表明，这种短暂而频繁的休息能够显著提升学习效率，因为它符合人的生理节奏和注意力周期。

此外，能量管理还涉及对个人能量周期的识别和利用。每个人都有自己的生物钟，即昼夜节律，它影响着我们的能量水平、注意力和睡眠模式。通过分析和理解这些个人差异，学习者可以调整自己的学习计划，以在能量高峰期进行深度学习。同时，能量管理还强调在能量低谷期进行轻松的学习活动或休息，以避免无效学习和过度疲劳。

在实施能量管理时，学习者还可以借助各种工具和技巧来优化学习过程。

通过能量管理，学习者可以实现更专注和更高效地学习，从而提升学习效率。

（二）增强个人整体福祉

在探讨能量管理如何提升学习效率的同时，我们不应忽视其对个人整体福祉的深远影响。能量管理的核心在于优化个人的生理和心理状态，从而提高生活质量。一项发表在《应用心理学》杂志上的研究指出，通过合理安排工作和休息时间，可以显著减少工作压力，提高工作满意度。在学习环境中，能量管理的应用同样重要。此外，能量管理还涉及情绪调节和环境优化，这不仅有助于提升学习效率，还能增强个人的幸福感和满足感。能量管理也可以帮助我们更智慧地使用时间，从而在有限的生命中实现个人福祉的最大化。

七、能量管理的挑战与应对

（一）应对能量管理中的常见障碍

在实施能量管理以提升学习效率的过程中，我们不可避免地会遇到各种障碍。根据一项针对大学生的研究，超过60%的学生在尝试能量管理时，发现难以识别和适应自己的能量周期。这通常是因为他们缺乏对个人能量波动模式的深入理解。为了克服这一障碍，我们可以采用生理节奏分析模型，通过记录和分析个人的睡眠模式、饮食习惯以及日常活动，来识别能量的高峰期和低谷期。此外，引入放松与冥想技巧，如冥想和正念练习已被证实能有效缓解压力，提高能量水平。通过这些方法，我们可以更好地管理能量，从而在学习中取得更好的成果。

（二）建立支持性的学习环境

在构建支持性的学习环境中，能量管理的理念显得尤为重要。根据研究，学习者在一天中不同时间段的精力水平存在显著差异，这直接影响学习效率和质量。因此，学校和家庭环境应鼓励学生在精力充沛的时段安排难度较高的学习任务，而在精力较低的时段进行复习或轻松的活动。此外，环境因素如光照、温度和噪声水平也被证实对学习者的能量状态有显著影响。例如，充足的自然光可以提高学生的注意力和学习效率，而适宜的温度则有助于保持学生的舒适度和集中力。因此，创造一个光线充足、温度适宜、噪声控制的学习环境，对于学生提升学习效率至关重要。

第十七章　元认知：
最底层的学习能力提升

一、什么是元认知能力

（一）元认知能力的定义

元认知能力，即个人对自己的认知过程进行监控、调节和控制的能力，是自我意识在认知领域的体现。它不仅包括对知识的了解，还涉及对认知活动的计划、监控和评估。根据弗拉维尔的元认知理论，元认知能力可以分为元认知知识和元认知体验等方面。元认知知识指的是个人对认知过程及其影响因素的认识，而元认知体验则涉及个人在特定认知活动中的主观体验。在学习过程中，元认知能力的高低直接影响学习效率和成果。一项由约翰·邓洛斯基等人进行的研究表明，有效的元认知策略，如自我解释和预测测试，可以显著提高学习成效。因此，掌握和提升元认知能力，对于个人在学术、职业乃至日常生活中实现自我提升和目标达成具有至关重要的作用。

（二）元认知能力的重要性

元认知能力，作为个人自我调节学习和认知过程的关键能力，其重要性不容小觑。它不仅影响着我们的学习效率和质量，还深刻地塑造着我们的思维模式和解决问题的能力。研究表明，元认知能力的高低与学业成就之间存在显著的正相关关系。一项针对大学生的研究发现，那些在元认知策略上表现更好的学生，在期末考试中的成绩往往更高。这说明，通过提升元认知能力，个人能够更有效地规划学习路径，监控学习进度，并及时调整学习方法，从而达到事半功倍的效果。

二、元认知能力提升的策略

（一）目标设定与计划

在提升元认知能力的实践过程中，目标设定与计划是至关重要的一步。目标设定不仅为个人提供了明确的方向，而且是激发内在动力和保持长期学习热情的关键。依据SMART原则，目标应当清晰具体，以便于跟踪进度和评估成效。例如，小明在意识到元认知的重要性后，开始设定具体的学习目标，如"每天阅读至少30页专业书籍，并在周末前完成一篇读书笔记"。通过这样的目标设定，小明能够更有效地监控自己的学习进度，并及时调整学习策略。

计划的制订需要考虑个人的时间管理能力和资源分配。有效的时间管理工具，如时间块划分法或番茄工作法，可以帮助个人合理安排学习时间，确保每个学习阶段都有足够的专注度。通过实践这些时间管理策略，能够在有限的时间内完成更多的学习任务，从而提升学习效率。此外，计划还应包括对潜在障碍的预测和应对策略，如遇到难以理解的概念时，提前规划好额外的学习时间或寻求同伴的帮助。

在目标设定与计划的过程中，反思与自我提问是不可或缺的环节。通过定期的自我反思，个人可以评估目标的实现情况，并根据反馈调整计划。例如，小明在每周的学习回顾中会问自己："我是否达到了本周的学习目标？哪些方法有效，哪些需要改进？"这种自我提问的方式促使小明不断优化学习方法，从而更有效地掌握知识。通过目标设定与计划，个人不仅积累了知识，更提升了自我管理与自我调节的能力。

（二）自我监控与评估

在提升元认知能力的实践中，自我监控与评估是核心环节，它要求个人对自己的认知过程进行持续地观察、记录和分析。例如，通过写学习日志，个人可以追踪自己在特定任务上的时间分配、注意力集中程度以及遇到的困难和解决策略。研究表明，定期进行自我评估可以提升学习效率，如德韦克的成长心态理论所强调的，通过积极的自我监控，个人能够更清晰地认识到自己的进步和不足，从而调整学习方法，实现持续改进。

自我监控与评估不仅限于学术领域，它在职业发展中同样扮演着重要角色。研究发现那些能够定期反思自己工作表现的员工，往往拥有更高的工作满意度和生产力。通过自我评估，个人可以识别出哪些工作技能需要进一步提升，哪些工作习惯有助于提升效率，从而做出更有针对性的规划和调整。

在自我监控与评估的过程中，使用恰当的分析模型可以为个人提供更深入的洞察。例如，SWOT分析模型可以帮助个人在自我评估时全面考虑内外部因素，从而制订出更有效的元认知能力提升策略。

三、实践元认知能力提升的步骤

（一）反思与自我提问

在提升元认知能力的实践过程中，反思与自我提问是核心环节，它要求我们不断地审视自己的思考过程和学习方法。根据杜威的观点：反思是连续的、主动的思考过程，它涉及对任何信念或假定的知识形式，根据支持它的基础和它所导致的进一步结论，进行积极、认真地考虑。这意味着，我们不仅需要回顾过去的学习经历，还要主动地分析和评估这些经历中的成功与失败，从而提炼出改进的策略。一项研究显示，通过定期的自我反思，学生能够提高他们的学习效率，平均成绩提升10%。这种自我提问的过程，如"我今天学到了什么？""我如何能更有效地学习？""我使用的学习方法是否适合这个任务？"能够帮助我们识别和调整认知策略，进而优化个人学习路径。通过这样的实践，我们能够逐步构建起一套适合自己的元认知知识体系，从而在学术、职业等不同领域中实现更高效地学习和成长。

（二）调整学习方法与策略

在提升元认知能力的过程中，调整学习方法与策略是关键步骤之一。元认知能力的提升不仅仅是一个抽象的概念，它需要通过具体的学习行为来实现。根据布鲁姆的认知领域分类，学习者可以通过设定具体的学习目标，从知识的记忆到应用、分析、评价乃至创造，逐步提升自己的认知层次。在实践中，学习者可以采用费曼学习法，即通过教授他人来检验自己对知识的掌握程度，从而发现知识盲点并进行针对性地复习和巩固。

此外，学习者可以利用SWOT分析模型来评估自己的学习方法与策略。通过这一模型，学习者可以清晰地认识到自己在学习过程中的优势和劣势，以及外部环境提供的机会和可能的威胁。例如，一个学生可能发现自己在数学学习上的优势是逻辑思维能力，但劣势是缺乏足够的练习。通过这一分析，学生可以制订出更加有效的学习计划，如增加练习时间，并利用自己的逻辑思维优势来解决复杂的数学问题。

同时，学习者在调整学习方法与策略时，应该注重培养自己的批判性思维和创造性思维，通过主动探索和实践来深化理解，而不是仅仅满足于记忆和重复。

综上所述，调整学习方法与策略是提升元认知能力的重要环节。通过具体的学习行为，如设定学习目标、采用有效的学习技巧、进行SWOT分析，以及培养批判性和创造性思维，学习者可以更有效地提升自己的元认知能力，从而在学术和职业发展等不同领域中取得更好的成绩。

四、元认知能力提升的效益

（一）学习效率的提高

在提升学习效率的过程中，元认知能力的培养起着至关重要的作用。研究表明，具备高度元认知能力的学习者往往能够更有效地管理自己的学习过程，从而实现学习效率的显著提升。一项针对大学生的研究发现，那些能够定期进行自我评估并根据评估结果及时调整学习策略的学生，在期末考试中的表现比那些不进行这些活动的学生高出20%。这说明，通过元认知策略的应用，学习者能够更清晰地认识到自己的学习需求，选择合适的学习方法，并及时调整学习计划，以适应不同的学习环境和任务。

此外，元认知能力的提升还能够帮助学习者更好地利用时间资源。例如，通过设定具体的学习目标和计划，学习者可以避免在学习过程中出现的拖延和分心现象，从而提高时间的使用效率。根据一项对高效学习者的研究，高效学习者平均每天会花费15分钟来规划第二天的学习任务，这种习惯使他们能够集中精力在最重要的学习内容上，而不是被琐碎的任务分散注意力。

元认知能力的提升还意味着学习者能够更有效地进行自我监控和评估。通过定期的自我检查，学习者可以及时发现自己的不足之处，并采取措施进行改进。例如，使用学习日志或反思日记可以帮助学习者记录自己的学习过程，分析哪些方法有效，哪些需要改进。这种自我监控的过程不仅能够帮助学习者更好地理解自己的学习习惯，还能够促进学习者对学习内容的深入思考。因此，通过元认知能力的提升，学习者能够更有效地利用反思来提升学习效率，实现知识的深化和巩固。

（二）自主学习能力的增强

在当今知识更新迅速的时代，自主学习能力的增强显得尤为重要。元认知能力的提升，即增强对自身认知过程的了解和控制，是自主学习能力的核心之一。通过设定明确的学习目标和计划，学习者能够更有效地监控自己的学习进度和质量。一项研究显示，那些能够定期自我评估并根据反馈调整学习策略的学生，其学习效率提高了30%。这种能力的培养不仅限于学术领域，同样适用于职业发展，帮助个人不断提升自我并适应变化。

五、元认知能力在不同领域的应用

（一）在学习中的应用

在学习中，元认知能力的应用是提升学习效率和深化理解的关键。元认知能力涉及对自我认知过程的监控和调节，它包括计划、监控和评估三个主要方面。一项针对大学生的研究表明，那些能够有效设定学习目标并监控自己学习进度的学生，其学习成绩普遍高于那些缺乏这些能力的学生。这说明元认知能力对学习有显著的正向影响。

在具体应用中，学生可以使用SMART原则来设定学习目标，这有助于学生明确学习方向。同时，学生可以使用学习日志或反思日记来跟踪自己的学习过程，识别哪些策略有效，哪些需要改进。一项研究发现，通过定期反思学习过程，学生能够更有效地识别和修正理解上的错误，从而加深对学习材料的理解。

此外，元认知能力的应用还涉及评估学习成果。学生可以利用自我评估问卷或同伴评估来获取反馈，从而更客观地评价自己的学习效果。这种评估不仅限于考试成绩，还包括对学习过程的反思，如时间管理、资源利用和策略调整等。

综上所述，元认知能力在学习中的应用不仅能够帮助学生更有效地管理学习过程，还能促进他们对知识的长期记忆和深入理解。通过有意识地应用元认知能力，学生可以成为更高效、更主动的学习者。

（二）在职业发展中的应用

在职业发展的道路上，元认知能力的应用显得尤为重要。在职场中，元认知能力可以帮助个人更有效地设定职业目标，规划职业路径，并在遇到挑战时进行自我调整和方法优化。例如，那些能够准确评估自己能力并据此设定目标的员工，其职业发展速度比那些缺乏这种自我评估能力的员工快20%。此外，元认知能力还能够帮助职场人士在面对复杂问题时，采取更为合理的解决策略，从而提高其工作效率和质量。

六、结语：元认知能力的持续培养

（一）持续培养元认知能力

元认知能力的培养并非一蹴而就，而是一个持续性的过程，它要求个人不断地进行自我反思、监控和调整。一项针对大学生的研究表明，那些能够有效运用元认知策略的学生，在学术成绩上往往比那些不使用这些策略的学生高出20%~30%。因此，持续培养元认知能力，不仅能够提升学习效率，还能增强个人在面对复杂问题时的解决能力。

在实践中，持续培养元认知能力需要个人定期进行自我反思，如通过写学习日志、自我提问等方式来监控自己的学习过程。

此外，元认知能力的持续培养还要求个人能够灵活运用不同的认知策略，并根据实际情况进行调整。例如，在职业发展中，一个人可能需要从依赖具体指令的岗位转向需要独立思考和解决问题的岗位。这时，元认知能力就显得尤为重要，它能够帮助个人在面对新挑战时，快速适应并找到合适的成长路径取得成功。元认知能力的持续培养，是实现自我管理、个人成长和职业发展的关键。

（二）面向未来的自我提升

在面向未来的自我提升中，掌握和持续提升元认知能力显得尤为重要。元认知能力的持续提升不仅限于学术领域，它在职业发展中的应用同样至关重要。在职场中，元认知能力可以帮助个人更好地理解自己的工作习惯和思维模式，从而更有效地规划职业路径，应对复杂的工作挑战。例如，通过自我监控，个人可以识别出在工作中哪些技能需要进一步提升，哪些策略需要调整，以提高工作效率。自我意识和自我管理是情商的两个核心组成部分。而它们与元认知能力紧密相关。因此，通过持续培养元认知能力，个人可以更好地管理自己的情绪和行为，从而在职业生涯中取得更大的成功。

长期来看，元认知能力的持续提升将带来学习效率的显著提高和自主学习能力的增强。根据布鲁姆的教育目标分类学，认知领域的目标从知识到创造分为六个层次，元认知能力的提升有助于个人在这些层次上实现更深层次的认知加工。例如，通过元认知策略的应用，个人可以更有效地发展批判性思维和创造性思维，从而在学术和职业领域中取得创新和突破。

综上所述，个人应持续地培养和应用元认知能力，以适应未来不断变化的挑战。

附　录

数学高效学习方法探究教案

授课内容	工欲善其事，必先利其器——数学高效学习方法探究		
授课时间	开学第一周	模块名称	数学学习方法
授课对象	大一新生	授课学时	2学时（90分钟）
授课地点	多媒体教室	授课形式	体验式教学
内容分析	数学是理工科等专业大一新生必修的一门理论基础课程，旨在为进一步的专业课程学习打下基础，同时也是相关专业专升本的必考科目之一。掌握基本的学习方法，遵循学习规律，可以极大地提升学习效率，提高学习成绩。 　　本课程以学什么——学习内容的选取技巧，怎么学——学习方法的探索为主线，重点掌握"五步学习法"。 　　第一步：做难题——在自己的能力边界圈上学习 　　第二步：总结——在解题中总结方法、思维和模式 　　第三步：费曼学习法——把复杂的知识简单化，以教促学，让输出倒逼输入 　　第四步：课前预习——提前思考，走在老师的前面 　　第五步：思维导图——形成知识体系，让新知识与旧知识形成连接，易于记忆和提取		

学情分析	学生经过中学阶段的学习，基本形成了自己的学习方法和学习习惯	学生对有效、适用的学习方法能有效提升学习效率和学习成绩有体会，能接受	对于方法的学习容易流于概念，要用案例、体验加深学生的认知，促使其产生行动
教学目标	知识目标	掌握五步学习法，这对提升数学等课程的学习效率及学习成绩有显著作用	
	能力目标	通过对五步学习法的理解，让学生能在数学等课程中灵活运用，提升自己的学习效率和学习成绩，获得成就感	
	素质目标	增强学生的自信心，获得进一步扩展自我知识和技能的学习能力和自我驱动力，实现自我价值和人生理想	
教学重点	五步学习法的概念认知和理解	解决措施	1.通过讲解、事例、游戏加深对五步学习法的理解； 2.通过小组合作探究和分享展示加深对五步学习法内涵的掌握
教学难点	1.五步学习法结合课程及学生自身学习特点的具体运用； 2.促使其产生最小行动实践，形成正向反馈	解决措施	1.采用学生互讲的方式来加深理解； 2.采用六顶思考帽法，学生进行角色扮演，来加深全面认识，产生最小行动实践
教学策略			
教学方法	教法	任务驱动法、启发式教学法、案例教学法、讲授法	
	学法	自主学习法、探究学习法、合作学习法	
教学资源	通过多媒体教学，充分利用视频、图像等资源，在学习通平台发布及开展课程相关的互动活动，让教学形象、生动且富有参与性		

教学组织	第一步：用故事、对比、体验等形式讲透五步学习法的优势。每种方法要有故事案例，如某人，使用前无助的努力，被别人蔑视，使用后坚持过了瓶颈期，最后取得成功。故事如果能激发学生同理、悲痛、无助、喜悦的情感最好，这样渲染重要性，学生才记得住。 第二步：总结，以做难题的方法为例，就要对比其他错误习惯方法讲。只做自己会做的简单题，感觉虽然轻松，但会无聊，没有进步；做远超过自己能力的题，会感觉遭遇挫折，会难受和沮丧痛苦，从而回避学习，所以要多做自己能力边界圈的题。越能顶住难题带来的难受感、挫折感，进步越大。要多总结、多复盘。 第三步，请学生复述。可以几人一组，互相口述刚学的方法，老师还可以抽几人来复述，检查讲课和复述效果。如果同学能讲清楚，才表明方法已进入其大脑。 第四步：课前预习法。把学生分为两组，一组让其课前预习，一组不预习，测试其预习效果。通过结果让学生进一步理解课前预习法的重要性。 第五步：全班分成几个组，用六项思考帽法来讨论。使用方法的条件，应用有什么困难和障碍，用了有什么好处，有什么办法解决应用的障碍，如何使用方法等，力争用思维导图来归纳。

教学实施过程：

模块一：在能力边界圈上学习突破

教学环节一：精讲

课堂引入：

问：大家有没有看到这样的现象：有的同学，每天都认真解题，遇到不懂不会的，马上问别人。看上去，也很努力，时间也花了不少，但成绩却没有提升，有时反而会下降，这是为什么呢？

故事一：举重运动员的训练

问：一个普通人，如果不经过专门训练，能举起多重呢？

答：正常情况下，是体重的1~1.2倍。

问：世界冠军呢？

答：体重的2.4~3.0倍。

问：怎么训练，才能达到呢？ 如果一个人，天天捡轻松的举，能有长进吗？

答：肯定不能。举重运动员训练的基本原则就是每次训练比上一次多增加一点点。也就是在自己能力边界圈上进行训练和提升。假设一个人只在自己轻松的感觉下反复练习，长期下去，他的进步就会停滞，成绩就会固化在这个层次上。

故事二：认识外部世界的三区理论

心理学家指出，人类对于外部世界的认识可分为三个区域：舒适区、学习区和恐慌区。舒适区的知识没有学习难度，人可以处在舒适的心理状态。学习区的知识有一定的挑战，但不至于太难受。恐慌区的知识则超出自己能力范围太多，心理会高度不适，以致厌恶或放弃学习。因此，最理想的状态是在学习区内学习。一段时间后，学习区会逐渐变成舒适区，而部分恐慌区也会相应变成学习区。

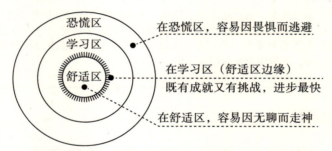

人的能力是无法跳跃成长的。只能在现有基础上，一点一点地内化，一点一点地向外扩展。而扩展的最佳区域就在舒适区边缘。

总结：最有效的学习和最有效的锻炼是一样的，都必须在自己能力边界圈上学习和提升，才能同时产生胜任感和成就感。

故事三：复利公式的秘密

互动：同学们用手机计算两个数，然后把结果告诉我：1.01 的 365 次方是多少？ 37.8

0.99 的 365 次方是多少？ 0.03

它神奇的地方是每次只是边界圈上微小的 0.01，结果差异竟如此之大。总结起来就两点：

（1）要想取得大的收益，必须在原有的基础上有增量，今天比昨天进步一点。我们眼中的学霸，不是因为他是学霸，他会做难题，而是因为他在不断挑战难题的过程中成为学霸。

（2）从 1 到 0.99，永远在自己能力圈内努力，是没有收获的。（会的都会，

不会的永远不会）

总结：选择在自己能力边界圈上学习和挑战，收获是最大的。

具体行动：

（1）用活页错题本改错题。（错题其实就是一个人的能力边界区）

（2）用松鼠AI智能化学习软件，快速找到自己的能力边界区，做难题。

做难题，能让人在顶住难受的压力后，享受成功后带来的成就感和快乐。即使没有做出来，思考的过程也是很大的收获。

教学环节二：三人一组，口述在能力边界圈上学习突破难题的方法

教学环节三：六顶思考帽法

讨论应用有什么困难和障碍，用了有什么好处，有什么办法解决应用的障碍，如何使用方法等，力争以后把方法用到实践中。

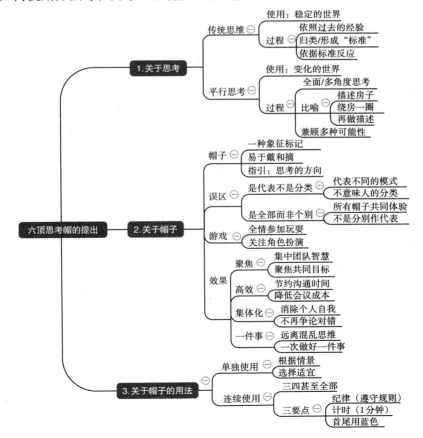

模块二：总结法

教学环节一：精讲

课堂引入：

故事一：碧昂丝的秘密

给你讲一个碧昂丝的秘密。她是世界级的超级巨星，在全球已经卖了超过1亿张唱片，还拿了22项格莱美奖。

碧昂丝在巡回演唱会的舞台上激情四射，气场强大，引吭高歌。可是演唱会结束后，她就变成了一名产品经理。这是怎么回事呢？

原来，碧昂丝回到酒店房间后，她会反复看刚刚结束的演出录像，从各个角度研究，看哪些地方需要改正，哪些地方可以突破。

第二天早上，她团队的每个人，包括乐队、伴舞、摄影师等，都会收到几页笔记，上面写着他们需要在下次演出前调整的问题。总结也是她成功的秘诀。

故事二：活页错题本的作用

一个人容易犯错的地方，往往就是他在这方面的能力边界区。那么为什么要用活页呢？

答案是活页更便于拆解、分类、方便知识体系的归纳和总结。

数学学习的总结应该做什么呢？

（1）总结学过的知识点。（让新旧知识形成连接）

（2）总结知识点的用法。（现象千变，规律不变）

教学环节二：三人一组，口述总结法

在学习方法中的应用步骤：

（1）白帽：总结学习方法的相关内容。

（2）黑帽：提出学习方面存在的问题或困惑。

（3）绿帽：分析问题的原因并提出初步的解决方法。

（4）黄帽：说出解决方法的价值及益处。

（5）蓝帽：制订下一步的行动计划。

（6）红帽：解决问题时充满激情与创造力。

教学环节三：六顶思考帽法

讨论应用有什么困难和障碍，用了有什么好处，有什么办法解决应用的障碍，如何使用方法等，力争以后把方法用到实践中。

模块三：费曼学习法

教学环节一：精讲

课堂引入：

故事：一位农民父亲竟然培养了一位考上清华大学的儿子。当记者问这位农民父亲是不是有什么特殊的培养方法时，他摸了摸头说："没有什么特殊的培养方法。每天孩子放学回来干农活，我好奇他在学校学了什么，所以就让他当我是学生，教教我今天学的东西。没想到他也来了兴趣，为了让我听明白，他想了不少办法，这么一弄，他的成绩就一直很好。"虽然这位农民父亲不知道，但是他用的就是费曼学习法，让他的儿子在教（输出）的同时巩固了所学。

数据显示，我们最熟悉、最常用的"听讲"，就是老师在上面讲，学生在下面听，平均学习保持率只有5%。而采用"视听"的方式可以达到20%，采用"演示"的方式可以达到30%，采用"小组讨论"的方式可以达到50%，采用"实际演练"的方式可以达到75%，采用"教授给他人"的方式可以达到90%。可见，不同的教学方式所产生的学习效果存在巨大差异。因此，想要提高教学质量，单纯依赖"老师单方面输出"这种做法最被动。参与度最低的学习方式显然是不够的。

具体行动：

就如刚学了一个知识，想象自己是一个老师，用最简单的话和自己理解的意思给别人讲出来。为了达到这种效果，最好假想你要给一个10岁的孩子讲，如果孩子都能听懂，说明你真正掌握了这种方法。具体步骤如下：

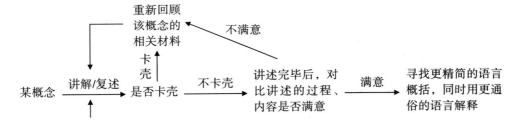

（1）找一张白纸，假想为黑板。

（2）假想有一个10岁的孩子在听你讲，你用自己的话把所学的知识讲出来。

（3）如果卡壳，重新回顾复习，再讲。

（4）如果顺利，说明已掌握。

（5）可以自己用手机录制视频，上传短视频分享。

教学环节二：三人一组，口述费曼学习法

教学环节三：六顶思考帽法

讨论应用有什么困难和障碍，用了有什么好处，有什么办法解决应用的障碍，如何使用方法等，力争以后把方法用到实践中。

模块四：课前预习法

教学环节一：精讲

课堂引入：

问：如何学，才能"多快好省"呢？大家可能觉得答案很简单，从小学到大，老师和老妈都同时说一个词，叫"认真听讲"。那怎么才算认真听讲呢？把老师说的每一句话都记下来，算认真听讲吗？

自答：认真听讲的关键是提前思考，不要跟着老师走，而是走在老师的前面。那么怎样才能做到提前思考，走在老师的前面呢？那么就是课前预习！

问：为什么呢？

第一，听不懂。没有课前预习，我们对课程内容是完全陌生的，稍有难度，就会出现听不懂的现象。

第二，跟不上。没有课前预习，对内容没有整体把握，对课程内容的重点、难点没有预判力。思维没法和老师同步，无法预判前面的坑，稍一走神，就跟丢了。

因此，课前预习很重要。预习后听课，在课堂上，一般知识相当于复习，重点、难点相当于补习，偶尔睡睡觉，走走神，影响不大，节奏不乱。

所谓认真听讲，就是有准备地听，有重点地听，有思考地听。

具体行动：

（1）带着问题预习——找答案（知识点，重难点）：在章节最开始提供一些引导性的思考问题。这种带着问题预习、学习新知识的方法真的有效吗？"测试效应"告诉我们，虽然这些问题会被很多人"直接忽视"，但带着问题预习确实非常有效。

（2）带着任务预习——找方法（看公式，做例题）。

教学环节二：三人一组，口述课前预习法

教学环节三：六顶思考帽法

讨论应用有什么困难和障碍，用了有什么好处，有什么办法解决应用的障碍，如何使用方法等，力争以后把方法用到实践中。

模块五：思维导图

教学环节一：精讲

课堂引入：

故事一：记数字

体验：1秒钟记住这9个数字，你能行吗？

6	8	4
3	7	1
9	2	5

如果这样，排个序，你就能行！

1	2	3
4	5	6
7	8	9

作为老师，第一张图我看了又看，记了又记，还是没有摸清头脑。直到答案揭晓，才恍然大悟！

原来，只要把图变换一下，按照一定的结构重新排列组合在一起，保证令人过目不忘。连3岁的孩子，都能快速掌握方法，轻松完成任务！

这就是结构化思维，考察的是学生能不能将零散的知识和信息，通过网状的结构连接在一起的能力。思维导图就是培养结构化思维。

故事二：地图与知识地图

问：如果一个人问你，到成都兴隆湖怎么走，你怎么回答？

在成都，凡是指路，我们常常回答，一直走下去，抵拢倒拐，再左拐，右拐，抵拢再倒拐。

成都除了市中心的天府广场——天府大道南延线是正南正北方向，其他干道包括河流都是大约北偏东或者东偏南30°。

这样指路，外地人往往一头雾水，不知所云。大家看，要找一个地方，需要地图，需要路牌和标志物。那要找到和提取你学过的知识，用什么呢？

答：用知识地图——思维导图。

思维导图有两个作用：一是加强记忆，二是结构化思维。

（1）加强记忆。 思维导图遵循了心理原理，即视觉占了人们的70%，因此，视觉化的图形、符号更容易让人记忆。这是心理记忆的原理，故手画思维导图要求画出图案，目的就是通过图像法形成视觉记忆。

（2）思维结构化。 思维导图可以将一本书的内容绘制在一张图上。层次分明、脉络清晰、易于识别，各层次的关系也一目了然，有统揽的作用。既能从全局把握，也能从细节把握，还能明白每个节点之间的关联。

教学环节二：三人一组，边学边画思维导图

教学环节三：六顶思考帽法

讨论应用有什么困难和障碍，用了有什么好处，有什么办法解决应用的障碍，如何使用方法等，力争以后把方法用到实践中。

英语高效学习方法探究教案

授课时间	开学第一周		
授课对象	大一新生		
授课学时	2学时（90分钟）	课　型	理实一体、混合式教学
课　题	让英语变容易的"巧方法"		
内容分析	有效的学习方法是取得良好的学习效果和质量的重要前提，优秀的英语学习者往往有良好的学习方法。学习方法是学习者"以取得最佳学习效果为目的，根据学习者内外部情况的变化，对观念、策略和技巧进行不断调控的动态系统" 本节课作为开学第一周的英语学法指导课，面向全体大一新生。"至法无法，学无定法。任何人要想学好英语，都必须充分发挥自己的主观能动性，不断地对自己的学习方法进行调控"。本节课采用"输入—学会—应用"的三步法，让所有新生掌握英语学习的有用方法。通过有用的方法，为学生学习英语铺路，也通过趣味课堂案例和有趣的活动方式，增加学生对英语的学习兴趣及对英语学习的内驱力 		
学情分析	**知识基础**：成都工业职业技术学院学生属于高职院校非英语专业学生，主要是指高职院校中除了进行英语专业学习的所有其他专业的学生，包括财经类专业、理工类专业等学生。大多数学生没有学习过专业英语，和他们的所学专业知识相比较，课时较少，学习时间不足，缺乏良好的语言基础		

学情分析	**认知能力：** （1）因为基础薄弱，因此存在英语学习的心理障碍；不善于钻研英语学习方法；不具备良好的英语学习习惯； （2）用语意识薄弱，普遍存在的问题就是听说能力差； （3）由于词汇量小，知识面窄，缺乏一定的推断能力，阅历浅，片面追求阅读速度等因素造成他们的阅读能力弱 **学习特点：**部分学生达不到教学基本要求，并在英语学习中存在着诸多问题 （1）对英语学习的动机十分模糊，反映在具体行为上则是：对英语学习没有明确的目标和计划，英语学习具有随意性； （2）对英语学习严重缺乏兴趣，主动性和努力程度很低，学习成效也低； （3）学习态度消极主要表现在两个方面：一是没有正确的学习观；二是缺乏主动学习意识与行为； （4）未形成系统有效的英语学习方法
教学目标	**知识目标：** 理解英语学习方法的重要性；理解有效阅读、格林法则记单词、旋元佑英语语法、陌生提取法等英语学习方法的含义及做法 **能力目标：** 通过教学帮助学生掌握并运用有效阅读、格林法则记单词、旋元佑英语语法、陌生提取法等英语学习方法的能力，以及运用于实际英语学习的能力 **素质目标：** 让学生更加懂得学习方法系统是一个充满活力，不断变化更新的动态系统。积极掌握好的学习方法，并随着学习内容和要求的不同而随时进行调整，要随着学习水平的提高而有所变化。中国有句古话："无法之法，乃为至法。"意思是：没有一种固定的方法，才是最好的方法。引导学生学会积极主动地选择恰当的学习方法去解决学习中遇到的问题
教学重点与难点	**重点：**有效阅读、格林法则记单词、旋元佑英语语法、陌生提取法等英语学习方法的含义及做法； **难点：**有效阅读、格林法则记单词、旋元佑英语语法、陌生提取法等英语学习方法与实践结合
解决措施	**重点突破：** （1）通过相关视频、图片结合具体案例，加强学生对方法含义和具体做法的认知； （2）通过小组合作探究、分享展示加深对内涵的掌握 **难点突破：** （1）通过主题辩论，让学生探讨方法的优劣势； （2）通过积累式教学法、分层教学法、情景教学法、活动体验法等让学生将方法运用于实践
教学方法	**教法：**任务驱动法、情景教学法、活动体验法、案例教学法、讲授法 **学法：**自主学习法、探究学习法、合作学习法
教学资源	通过多媒体教学，充分利用视频、图像等资源，在学习通平台发布及开展课程相关互动活动，让教学形象、生动且富有参与性。课后以相关的英语报纸、APP、影视、纪录片等线上优质资源拓展教学

教学实施过程：

教学内容	教学组织与教学方法
老师：学习通发布课前任务 收集你知道的英语达人的故事，并分析他英语学习成功背后的原因。收集相关案例，制作 PPT，上传学习通。 **课堂引入：** 给学生展示清华大学一名只有中学毕业文凭的食堂厨师张立勇自学英语并成才的传奇故事，并分析他的英语学习方法。 张立勇，1975 年出生于江西一个贫困的农民家庭；1992 年高二时辍学离家，后曾在广东的竹制品厂和玩具厂打工。1996 年进入清华大学食堂做洗菜工、厨师。1999 年起，先后通过大学英语四、六级考试，托福成绩 630 分，并通过自学拿到了北京大学对外经济与国际贸易专业的本科文凭。被清华大学学生尊称为"馒头神"。 张立勇对英语随时随地学，方便面的包装袋、调料包上都有中英文对照，比如 sugar（糖）、salt（盐）之类。吃饭时间只有 15 分钟。在 7 分钟以内吃完饭，余下 8 分钟躲到食堂后面一个放碗柜的地方背英语课本。张立勇一直坚持按自己的学习计划走，每天都能坚持自学七八个小时，有时候学到凌晨一两点钟。他认为，学英语就像刷牙，每天都要张嘴，每天都要坚持。张立勇说，人生是个不断提升的过程，任何人在平凡的岗位上，都应该不断提升自己的技能和眼界。作为青年人，一定要紧跟时代步伐。 **学习模块一：阅读自己感兴趣的内容来培养习惯** 故事一：英语阅读的作用 还记得：我们是怎么样学会用筷子吃饭，怎么样学会骑自行车的呢？我们估计记不清楚了，先看别人示范一下，然后自己慢慢练习，自然就会了。 如果你觉得天天背单词乏味，难坚持；学语法，听懂了，容易忘记；不会解题，那就可以试试阅读，用整体性、趣味性、综合性的训练来代替单项。 英语阅读的作用：①提高英语词汇量。②提升记忆力、创造力、分析能力。③建立自信心、注意力。④增强语感（无意识，意识，潜意识）。 故事二：英语小白爱上阅读的故事 提问：你是否有过看一本书，看到忘记时间的经历？是否有躲在被窝里面悄悄看完一本书的经历？请同学们来分享。那英语阅读是否能有这样的阅读体验呢？我们一起来走近一个英语小白爱上阅读的故事。	学生：完成学习通课前任务。收集知道的英语达人的案例，并分析他英语学习成功背后的原因。

教学内容	教学组织与教学方法
英语小白自诉：我一直把自己定义为那种"脑袋不太灵光，付出和收获不成正比"的笨人，因此每感受到一次进步，都是极大的鼓舞，欢欣至极。对饱受英语折磨多年的我，这前进的一步无异于久旱逢甘霖，也坚定了我笨鸟要先飞的信念。 　　当我开始需要英语的时候，又捡起了老一套：背单词。一如学生时期，死记硬背。今天背明天就忘了。最痛苦的莫过于此。这个过程常常让我想摔手机，怀疑是不是得了健忘症。转机在加入英语阅读之后。最开始我选了 *Gulliver's Travel*、*The Water Babies* 这一类比较轻松、有趣味性，词汇量较少的书，但仍然读得很痛苦。一本书经常读两三个月，找各种借口不想读——找借口比读一页书容易多了。这个阶段要如何突破？个人最大的感受只有一个字：熬！坚持看，哪怕每天只读一页两页，重点是每天坚持读下去。此外，有几个小技巧可以参考一下：①选择自己熟悉的、感兴趣的内容作为开始。②从简单的读起。哪怕是幼儿绘本！③找到同样目标或者 $N+1$ 的同伴，对你的英语学习有很大帮助。④制订计划，完成计划给自己一个奖励。比如读完一本书对应给自己放个假，或者奖励自己一个很想要的小物品。熬过这个最难的阶段，迎来柳暗花明。不知不觉中，我不再排斥读英语，甚至每天不读几页还感觉不习惯了。当我发现这个转变时，已经饱受了两年英语阅读的痛苦煎熬。（这个时间因人而异，我基础薄弱，也没有特别集中进行英语阅读的训练和突破，只是制订了每个月读完一本英语书的计划） 　　在这之后，我阅读的速度慢慢提高了，对文章内容的把握也准确起来，以前经常读完一段还是稀里糊涂，只能靠查完一个又一个生词帮助理解（总是在查生词，很容易打消积极性），现在虽然仍然有很多不认识的单词，但基本能猜个大概意思。另一个收获是时不时在阅读中读到刚背完的单词，那种心情真的是飞扬的，背单词也变得更有动力，更积极。关于英语阅读，一个英语小白这三年亲历的最大的感受是：选一些适合自己的方法，然后就是坚持。这个阶段不要想太多技巧，先拉近自己和英语的关系，建立起良性循环。 　　从英语小白的故事里面，我们知道了英语阅读可以作为一个良性循环的开端，让你的英语好起来。 　　故事三：旋元佑"不求甚解"式阅读法 　　旋元佑是英语教育专家，他在学习英语时，发现了"不求甚解"式阅读法，该方法不需要外在有英语环境，只要找来适合自己程度的英语文章，由浅入深地阅读下去。常见的单词、常用的语法句型自然会大量出现，从上下文中就可以学会新词与用法，不借助词典。通过此方法，摆脱了词典的累赘，你就会发现阅读的乐趣，让你爱读的文章来牵引你，不必有丝毫勉强，自然能持续下去，每天都有进	学生：从优秀案例故事中总结经验。

教学内容	教学组织与 教学方法

步。他的托福考了满分 677 分， GRE 语文部分拿到 720 分（在以美国大学毕业生为主的全世界考生中名列前3%） ，可以证明其阅读法效果显著。

问：如何挑选阅读材料呢？

答：第一是兴趣，第二是难度。

每种类型的阅读材料都有其独特的特点和魅力，可以根据自己的阅读目的、兴趣爱好以及阅读习惯、水平、时间等因素来综合考虑。

利用85%最优学习法挑选阅读材料——五手指原则选择适合自己阅读水平的材料来开始进行阅读训练。

做法：翻到书中任意一页来朗读。每遇到一个不认识或不理解的单词，就伸出一个手指。这页读完之后，如果没有生词或只有一个生词，那就太简单了，不建议选；两三个生词，很合适；四个生词，有点难，但如果内容非常喜欢，可以先试试；五个或五个以上的生词，就说明太难了，应该降低级别。

Want to find a "just right" book?
Use the "Five Finger Rule"!

1 error Too easy!	2 errors A little easy	3 errors Just Right!	4 errors A little hard	5 errors Too hard!

具体行动：

在英语报刊等上找英语小故事进行阅读，然后推荐分享。

学习模块二：巧记单词——格林法则

故事引入：

问：同学们，你们都是怎么记汉字的呀？请观察右边汉字，它们都有什么规律呢？

答：他们都有足字旁，并且它们都和我们的脚有关。汉字是象形文字，左边是偏旁，边是象形文字。

学生：分享自己喜欢的英语阅读读物，并且在课堂上朗诵最喜欢的片段和分享自己阅读中的感悟。

教学内容	教学组织与教学方法
英语里也有偏旁部首，请观察以下单词，它们都有什么共同点呢？ uniped uniped biped biped millipede millipede pedicure pedicure pediform pediform pedal pedal pedicab pedicab pedometer pedometer 所有单词里都有一个 ped，ped 就是英语的足字旁，也就是脚的意思，所以这些单词都和脚相关。	学生： （1）可理解的 可以先通过百词斩 APP 先测试自己的英语水平或者通过英语阅读报纸看看自己的英语水平。 考虫阅读书籍也有不同水平的文学小说。 （2）有趣的、自然的 可以选择喜欢的文学作品，在班级开展《朗读者》及情景剧表演活动。

uniped	adj.单足的
biped	n.两足动物
millipede	n.千足虫
pedicure	n.足疗
pediform	adj.脚形的
pedal	n.脚踏板
pedicab	n.脚踏车
pedometer	n.计步器

这种记单词的方法，叫作"词根词缀法"。记单词最好的方法就是词根词缀法，但是词根和词缀的数量依然不少；与此同时，英语中有 70% 的词，比如 cat，dog，land，都没有词根词缀，这时候我们需要一种叫格林法则的方法来帮我们记单词。格林法则可以从 20 个基本词中，推导出 114 个四、六级和雅思的词根词缀，记住 20 个基本词等于记住 114 个词根词缀，是词根词缀的升级版。

那什么是格林法则呢？

格林法则是由德国的格林兄弟发现并经过后人完善而成的，格林兄弟是《格林童话》的作者，《灰姑娘》《白雪公主》是我们耳熟能详的作品。兄弟俩在收集欧洲各国的民间故事时，发现各国语言虽然不同，但很相似。

英语是表音文字，读音相似的单词其意义也往往相似——音相近，意相连，这是因为英语词汇吸收了大量的"外来"词，希腊语、拉丁语、法语、德语等，它们就像汉语中不同的方言一样，了解到这些语言的关联时，可以快速形成音变联想记忆法。

右栏（续）：

同学们通过学习通给分享的同学打分。分数最高的同学 +3 分，第二名 +2 分，第三名 +1 分。

教学内容	教学组织与 教学方法

格林法则——不同"方言"之间的一些转音和字母互转规则。

格林法则是从字母层面进行拆解，打通词根词缀、发音记忆等主流记忆法的底层演绎逻辑，能极大地减轻记忆负担，实现"滚雪球"般扩充词汇量。

我们来看几个例子。

sit	seat
advise	advice
foot	boot
angle	ankle

通过字母互换，我们很快记住了其他相关的单词。那么哪些字母能够互换呢？格林法则中常见的互换规则如下：

元音：a - e - i - o - u - y - w
喉音：g - k / c / q / x - h
鼻舌音：l - m - n - r
齿音：t - d - s - c - z
唇音：b - p - f - v
小象：u - v - w

具体的使用规则和其他不常见的公式，就留给大家去英语课上积累吧。

接下来，老师带着大家用格林法则来背几个单词试试吧。

three tribe tribute contribute attribute distribute

three 大家都认识吧，它是三的意思，通过去掉不发音的 h 和元音互换可以衍生一个词根 tri，也表示三。接下来 tri 加上 be 可以组成一个单词 tribe，是部落的意思。为什么三的存在是部落呢？因为最早的时候罗马是由三大族群构成的。而部落之间也会打仗，打输了就要上贡，因此有了 tribute 这个词，trib（e）+u（a）te，你可以想象一下，打仗输了就要把自己好吃的上贡给别人，tribute 可以表示贡品，作词根就是给。再衍生一下，contribute-con+tribute，con 是共同的意思，共同去给就是捐献，贡献。distribute，dis 是分开的意思，而分开给就是分发，分散。attribute，at 是加强，确定属性前要给出原因，所以 attribute 就是归因，你都记住了吗？

小练习：

默写单词：部落，贡品，贡献，分发，把……归因于

学习模块三：讲道理的语法——旋元佑英语语法

故事引入：

我们经常有这种感觉：学语法，就是要记住相应的语法规则，于

教学内容	教学组织与教学方法
是，挑灯夜战，强记几十条语法规则，认为这下考试无忧了。可考试时还是做错了。为什么呢？因为在这几十条语法规则后面，还有很多例外情况。 真正打败你的，不是规则，而是例外…… 如：冠词the看似简单，其实用法深奥多变。一本详尽的语法书往往会记录数十条运用the的规则，以及无数的例外情况，而且例外中仍有例外。比如："根据冠词法则，这里应用the而非a，但由于前面出现了某词，符合了例外情况，就用the..."看看吧，这么多规则以及例外，如果死记硬背的话，记得住这么多吗？即便记下了，写作的时候也未必用。 旋元佑英语语法通过对语言本身的理解和规律掌握，让你自然明白它的用法，而不需要去强记。这位魔法师有三大魔法： （1）不需要读者背诵任何语法规则和规则中的例外； （2）用短短几页内容就给你解释清楚任何一项困扰你多年的英语语法句法； （3）革新传统语法，简化动词时态。 体验教学：以大家一直捉摸不透的英语中的冠词为例。 传统语法书中讲述的英语冠词用法繁杂琐碎，有几十条甚至上百条规则需要记忆，即便下大力气彻底记住了，还不一定能正确使用。旋元佑英语语法用四条底层逻辑概括了冠词在名词前使用的规律。同学们觉得是记住和运用四条规则更容易还是记住上百条规则更容易呢？ 尝试在3分钟内记住以下四条规则： 规则1：名词短语=限定词+形容词+名词，名词短语构成的三个部分，每一部分都可能省略 规则2：不定冠词a/an是 one 弱化的结果 规则3：定冠词the 是that/those 弱化的结果 规则4：不需要不适合用冠词 请3~5位同学复述四条规则。 规则1和4需要举例详述，留给同学们去深入学习。现在，请同学们运用规则2和规则3翻译下列两个句子： I ate an apple in the kitchen. 我在厨房里吃了一个苹果。 I ate the apple in the kitchen. 我吃掉了厨房里的那个苹果。 请运用规则2和规则3补全下列两个句子： I need _____ book to read on my trip. I need _____ book you introduced to me. Where can I get it? 老师： 动词时态是重点观念。	学生：讨论思考回答问题，总结旋元佑的语法点。

教学内容	教学组织与 教学方法

（1）把 be 动词当动词看，句子就只剩两种状态：简单式和完成式；

（2）简单式以括弧形的时间来表达；

（3）完成式以箭头形的时间来表达；

（4）be 动词后面的分词当作形容词补语。现在分词有正在进行的意思，过去分词有被动的意思。

旋元佑用了一种特别的方法来讲解动词时态。掌握好简单式和完成式就能很好地把握动词时态。动词时态是以后写作中的重点部分。

（一）简单式

简单式的动词可以清楚交代此动作是发生在哪个时段，而与它搭配的时间副词通常会明确标示出一个时段。

简单式的重点在于其明确的时间段，可以用括弧来表示。如下面例句（1），in 1979 是一个明确的时间段，就在那一年，所以应该用简单式。另外，1979 年相对于现在来说属于过去式，所以此句中应使用 established。大家可以尝试用这种方法来进行分析。

1.现在时间

（1）Trump **is** the U.S. President.

（2）All mothers **love** their children.

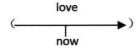

2.过去时间

（1）The U. S. **established** diplomatic relations with the P. R. C. **in 1979**.

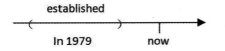

（2）The movable print **was** introduced to England **in 1485**.(过去分词词尾 -ed 视为一个表达被动意味的形容词词尾）

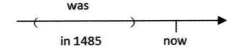

（3）I **was** visiting clients **the whole day yesterday.** （现在分词表示一种持续性，相当于中文的"正在""一直"的口吻）

教学内容	教学组织与教学方法
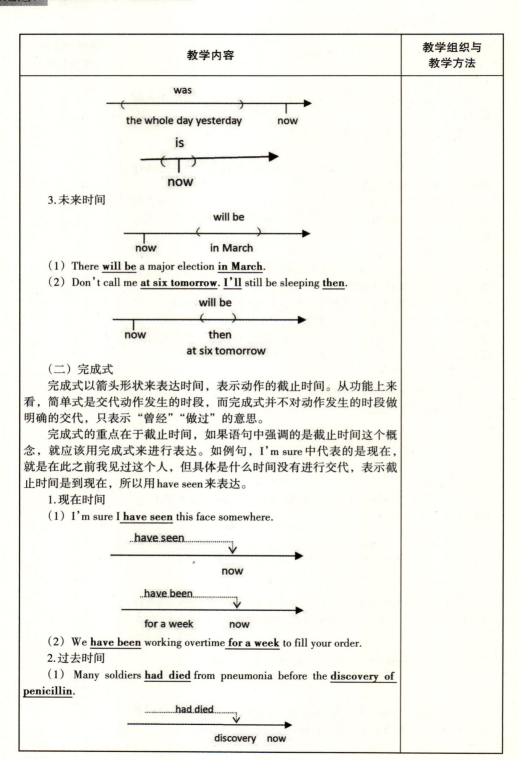	

3.未来时间

（1）There **will be** a major election **in March**.

（2）Don't call me **at six tomorrow**. **I'll** still be sleeping **then**.

（二）完成式

完成式以箭头形状来表达时间，表示动作的截止时间。从功能上来看，简单式是交代动作发生的时段，而完成式并不对动作发生的时段做明确的交代，只表示"曾经""做过"的意思。

完成式的重点在于截止时间，如果语句中强调的是截止时间这个概念，就应该用完成式来进行表达。如例句，I'm sure 中代表的是现在，就是在此之前我见过这个人，但具体是什么时间没有进行交代，表示截止时间是到现在，所以用 have seen 来表达。

1.现在时间

（1）I'm sure I **have seen** this face somewhere.

（2）We **have been** working overtime **for a week** to fill your order.

2.过去时间

（1）Many soldiers **had died** from pneumonia before the **discovery of penicillin**.

教学内容	教学组织与教学方法

（2）I **had been** smoking three packs of cigarettes a day before I **decided** to quit.

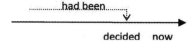

3.未来时间

（1）Come back **at 5:00**. Your car **will have been** fixed **by then**.

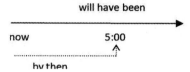

（2）**In two more minutes**, she **will have been** talking on the phone **for three hours**.

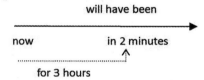

体验教学：

确定时态三步法

第一步：是简单式还是完成式。

第二步：是过去、现在，还是未来。

第三步：是一般、进行、被动，还是被动进行。

具体实例：

Example 1：

—Sorry for keeping you waiting.（抱歉，让你久等了！）

—Never mind. I_____ here only a few minutes.（没关系，我也刚到一会儿。）

A. have come　B. had been　C. was　D. have been

第一步：a few minutes. 隐含到现在为止，截止到现在，完成式。

第二步：Sorry for keeping you waiting. 可以从对话中推测，发生在现在。

第三步：一般状态，用现在完成时，选D。

Example 2：

When the police arrived, the thieves **had run** away.

(警察到达时，小偷们早就跑了。)

第一步：截止警察到达时，是完成时。

教学内容	教学组织与 教学方法
第二步：arrived，表明是过去。 第三步：一般状态，用过去完成时。 Example 3: 　By the time he was twelve,　Edison <u>had begun</u> to make a living by himself. 　第一步：　By the time he was twelve，到12岁的时候，是截止时间。完成式。 　第二步：he was twelve，因此是过去时。 　第三步：一般状态，用过去完成时。 Example 4: The cake <u>had been eaten</u> before I arrived at the party. 　第一步：截止我到达宴会时，是完成式。 　第二步：arrived是过去。 　第三步：蛋糕被吃，是被动语态。（用过去完成时被动语态） **学习模块四：高效记忆——陌生提取法** 故事引入： 　两个人打电话，你作为旁听者。你觉得，你是完全听到了两个人的对话内容，会记得住呢？还是只听到单边对话，通过他的回应，去推测对方的内容更记得住呢？ 　在公交车上，听见一女生打电话。 　"喂，爸爸，我一会儿到家，我饿了，你给我做点饭吃哈！" 　……（他爸爸的话，我听不见） 　"哦，吃什么都行。爸爸，咱家没有冰激淋了，你去给我买点。" 　…… 　"我现在在公交车上，到南大街了，这就到家了。" 　…… 　"我是小欣啊！" 　…… 　"哦，不好意思，打错了……" 　实验表明：长时间来看，只听到单边对话，通过他的回应，去推测对方的内容，更记得住。因为这过程中有思考的过程。这个记忆方法就是——陌生提取法。 　**体验：陌生提取法记忆** 　《夜雨寄北》中思念之情，亘古不变，千百年来为人们所传唱，潇潇夜雨中，李商隐客居寂寞，倚窗伫立，将相思之情转化为了重逢的希冀 ＿＿＿＿＿＿＿＿＿。	

教学内容	教学组织与教学方法

（何当共剪西窗烛，却话巴山夜雨时）

《泊秦淮》一诗中，诗人借"商女"批评沉溺于歌舞升平而"不知"国之将亡的统治者的一句诗是：

_____。

（商女不知亡国恨，隔江犹唱后庭花）

记忆的秘密——脑科学

人大脑中的记忆信息，大致分为"编码—存储—提取"三个阶段。

陌生提取法——将要记忆的内容先快速熟悉，完成"记"的编码输入过程。通过"忆"来强化记忆效果。

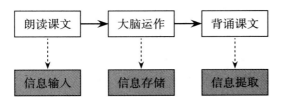

（1）如果你只是反复地进行信息输入，大脑的记忆效果并不好；如果花费更多的时间去尝试提取信息，把大脑中存储的信息进行输出，记忆效率反而会提高；

（2）陌生提取法有一个特点——让人感觉比较累。当你强行去回忆或者默写比较陌生的内容时，会明显感觉大脑很费力、难受。强行去回忆的内容越陌生，回忆时产生的费力感、难受感就会越强；

（3）通过提取策略的应用，无数原本无法使用的碎片化时间被调动起来，成为新的高效学习时间；

（4）提取策略的威力是很大的，如果你决定频繁使用该策略，那么就必须保证自己的睡眠、饮食和日常锻炼，以保证精神饱满、精力充沛。

具体操作：

（1）读—尽力默写—读—默写（补全）反复过程；

（2）A4纸背单词法。

关键1：让信息更容易记住。也就是创建新知识与旧知识的联系。

旧知识已经很牢固，就像一面墙，你要把一个钩子贴在墙上，把新知识挂在上面。这样，当你日后复习时，会更容易找到它。

教学内容	教学组织与教学方法

关键2：多次重复巩固神经连接。

钩子并不牢固，若不及时重复将新知识与旧知识整合，等新知识掉到地上，就会被新陈代谢在你睡觉时偷偷清理干净，下次再学，还得重新开始。

A4纸背单词的三种方法（用陌生提取法）

1.材料推荐

（1）四级词汇书，六级词汇书，英语课本单词；

（2）一张A4纸。（将其对折，分成四个部分，并在顶部标上1.2.3.4）

2.A4纸背单词法步骤

先把单词抄下来，抄完之后，把汉语意思写在单词后。

之后，把第一次抄下的单词遮住（把纸折过去），对照你刚才写的汉语意思，再把单词默写出来。同样反复复习的方法同上。

将要背的单词乱序写在纸上，要保证写下单词的时候你是知道单词意思的。

可以反复多读几遍后再继续写下一个单词，这样重复，把你一次要背的单词都写上后停一段时间，再开始看着纸上的单词复述汉语意思。

知道的就划掉，模糊或者不记得意思的就不要动，继续留着。

这一次的单词就算背完了，然后去看看有哪些没记住的单词，再去记忆；接着再写第二次要背的一组单词，重复上面的操作。

但除了第一次背单词之外，之后每次背都要把之前所有的单词都背一遍，如果出现之前已经划掉的单词又不认识了，就把那个单词当作新单词，再找个地方写上。

这种方法可以根据一定的图像位置去加强记忆，但缺点就是你复习的痕迹不是很清晰，没办法直观地看到到底是哪些单词是你的薄弱点。

将比较简单的要背的单词排好写在纸上，每天背一遍，认识的打√，不认识的打×。

一个周期过后将你反复错过的单词再挑出来，重新进行记忆。